ラーメンを60億円売った男

常識を信じない経営術

土田良治 著
垣東充生 編

旭屋出版

目次

第二章　誰も見たことがない店作り

目次

ミニコラム

土田さんのブログ

はじめに

今日も「うーん困った…」

数時間前から私はこの原稿用紙の前で凍り付いている。書くべき文章が思いつかないのだ。

物事を安請け合いして、あとで後悔する癖は昔からずっと治っていない。だから一年以上もこうして原稿用紙とにらみ合っている事になってしまったのだが。

最初から引き受けないのが一番なのだが、これも悪い癖で酒の席になると気も大きくなり、カラオケなんぞを唄いながら「わかった、わかった、大丈夫！」となってしまうらしい。（自分のことを「らしい」とは変だが記憶がないのだから仕方ない）

翌朝、引き受けた内容を知らされ、（殆ど内容は覚えていないのだが）このままどこかに逃げようかしら、なんて考えたりするのも昔から同じだ。

こんな男（オッサン）の話など一体何処の誰が聞きたいのだろうか…書き進まないことに八つ当たり状態になる。

よし…ようやく覚悟がついた。

「あきらめよう」

分不相応に立派なことを書こうとしていた私が悪かった。これを手にしている奇特な方々の期待に応えようと私なりにもがいたが、結局大した経験などないのだから無理なものは無理なのだ。だから、背伸びせず、私が見、聞きし体験した事をありのままにお話しすることに決めた。


そもそもこの本を書くことになった発端は去年の秋、古い知人と偶然再会した事だった。私は普段、日中に歩くことを殆どしない。しない様に心掛けている。明るい場所で人と会って、良い事があった試しがないからだ。まあ私の普段の素行が悪いからだろうが（笑）

しかしその日はたまたま前夜に飲んだ酒が抜けず、酔い覚ましに蕎麦を啜ろうかと思ったら財布がない事に気づき、廻らない頭をフルに回転させたら昨夜最後に行った江古田のRママの所に忘れてきたんじゃないかしらと思い、タクシーで江古田に到着したのはいいのだが、Rママの店が何処だったかさえよくわからない。しょうがないので江古田の街をおじさんはフラフラと歩き出す。まだ昼前の日差しは酔っぱらいのおじさんには眩しい。

「土田さん！」

どこかで聞いた男の声がしたが、日中出会う人にロクな人はいないはず（失礼）。

あっ、もしかすると昨夜Rママの見せに行く前に立ち寄ったGのマスターかも。だとすると昨夜のツケどころか貯まった飲み代も払わされるかも、、、無視だ。（どっちにしても財布がないからお金は払えないのだが。）早足で逃げようとする私の前に大きな男が遮るようにもう一度私の名前を呼ぶ。

「やっぱり土田さんだ！いや〜十年ぶり位じゃないすか？あれっ、もっとかな？」

ニコニコと黄色い眼鏡をかけて笑っている。だれだっけ、このおっさん（失礼）

「Kですよ、K！」

あいかわらず笑顔で私を見ている。どこのKだろう?
頭の中を整理しようと思うのだが頭が廻らない。そしてやっと出た言葉が
「そ、蕎麦……食べに行きません、、か」

Kさんは、10数年ぶりに会った酔っ払いに蕎麦をおごってくれた。いい人だ。

彼は私が今の生業を始めた頃のお客で、長居はしないが定期的に顔を出す、いわゆる常連だった。歳も近いこともあり少しずつお互いの事も話す様になり、当時、テレビの制作会社に勤めていることも知った。そのご縁で番組で紹介してもらった事もあった。私がたった一人で店を始めた頃を知っている、数少ない一人であった。

わたしたちは、他愛もない話をした。例えばお互いに会っていなかった時間の話とか。Kさんは今、フリーで映像や出版のライターをやっているという話も聞いた。(ような気がする)私も自分の商売の近況や、ビジネス論を調子に乗って話したらしい。(覚えはないが)

「うんうん」と優しい笑顔で頷きながら酔っぱらいの話を聞いてくれるKさん。

私は酒も手伝ってか、この時、余計な話をペラペラと話したに違いない。

一週間程してKさんより電話を頂いた。

どうもKさんには蕎麦屋で話した酔っぱらいの話が新鮮で面白く聞こえたらしい。


「私が取材してきたラーメン店で、あんなユニークな考え方の持ち主は一人もいません、土田さん、本を書いてみませんか?」

私にはKさんが何を興奮しているのかもわからなかったが、「続きはゆっくり酒でも飲みながら」の言葉に……またしてもダメなおっさんは酒につられて流された挙句、こうして1年近くも原稿用紙と向き合う事になってしまった。


ラーメン店で成功を収めている人なら大勢いる。中には私など足元にも及ばない店舗を持ち、何十億、いや何百億と稼いでいる人もいる。(うらやましい) 私に本など僭越な、とやっぱり思う。

しかし、Kさんの言ってくれた言葉は正直うれしかった。私自身、いつもどこかで自分の立ち位置を確かめたくて、ずっともがいていた気がする。それをどんな形であれぶつけるチャンスが与えられたことを感謝したい。

商売を始めた時からずっと決めてきた事、
私に出来る事だけをやろう。
出来ない事はやらない、その代り出来る事は精一杯やろう。

私ごときにどんな本が作れるかはわからないが、何でもいい、この本を手に取ってくれた人の何か役に立とう。お金儲けでも、人生のヒントでも何でもいい…。読んで下さった人の「役に立つ」と思ってもらえる本を作ろう。
私の思いはそれだけです。どうか私の意図が上手く本になっています様に。

続いて

あの日の蕎麦屋さんで土田さんの話を聞いて正直びっくりしました。

全く申し訳ないのですが、僕の知る土田さんは、わずか5坪、内装も手作りの店でたった一人、一日20杯~30杯のラーメンを売っていた人ですから。

聞けば、あれから18年間で、総出店数は36店舗。直営だけでも現在16店舗、コンサルタント事業も含め、年商ほぼ10億を売り上げる企業だそうです。でも驚いたのは成長ぶりではありません。その事をマスコミにたずさわる僕が全然知らなかったという事です。

僕は飲食店を取材するのが仕事ですから、ラーメン業界の事情にもそれなりに詳しいつもりです。年商10億円と言えばラーメン業界では立派な成功者、ましてや元々知っている店ならば、「僕が知らなかった」はずはないのです。正直、自分が気が付かなかったことに強いイラダチと興味が残りました。

これは何を意味するのか。それは、土田さんの店がマスコミが気が付かないほど「こっそり」と成長していたという事です。もちろん実際はこっそりやっていた訳ではありません。堂々と商売をされています。

言いたいことは、僕が気が付かなかったという事はつまり「マスコミにあまり注目されなかった」事を指します。さらに言えば「マスコミの力を借りずに大きくなった」という解釈が成り立ちます。これは異例なことです。

ラーメン業界にはたくさんの成功者がいます。中には土田さんより大きな商売をされている人もいます。でもそういう店は基本的にマスコミの力を借りた「有名店」なのです。

逆を言えば土田さんの様にマスコミの力を頼らずに店舗拡大して行けた例は、ほとんど無いと思います。（もちろん資本がある大きな会社は別ですが）

ここ20年間ラーメン業界はマスコミと密接につながっていました。

「店はテレビや雑誌の取材を受ける事で人気が上がり、そこから多店舗化など事業展開の道が開ける。だからまずマスコミで紹介される店になろう!」

こう考えているラーメン店主が多勢います。逆に言えばそれ以外に成功の道はない、そう思われていたといっても過言ではありません。

ところが土田さんはこういう常識をぶち破ってくれたのです。これを是非たくさんの人々に伝えたい、その為に本を書いてもらおう、そう思ったのです。

先ほども言いましたが彼は18年前に車庫を改造したわずか5坪6席の店からスタートし、マスコミに頼らず、他の企業の支援も受けず、自己資本のみで成長を続けてきたのです。

さらにその発想法やビジネス論には目から鱗が落ちる思いがしました。昨今、色々なビジネス本がある中でこれを世に伝える価値は絶対にあると私は思っています。土田さんならではのぶっちゃけ経営哲学を、ぜひお聞きください。

垣東充生

第一章

成功したけりゃ常識を捨てろ

土田さんのお話はとにかくユニークだと思います。かといって、「誰も思いつかない発想」というのではありません。たぶん誰もが「言われてみれば～」という内容です。

でも、実際には「ほとんど誰も発想できない」ばかりです。奇妙な言い回しで混乱してしまうかもしれませんが、まずは聞いてください。（垣東）

95%の常識をうたがえ

■商売に常識は必要か

突然の話になるが、この国で株の投資で儲けている人は一体どの位いるのだろうか？会社を出入りするN証券のOさんに聞いてみた。予想通り、ほとんど儲からないらしい。投資家の95%が損をしているのだという。

考えてみて欲しい、今は新聞やテレビ、雑誌に加えて、ネットを通じてスマホやパソコンから大量のニュースが流れ込んでいる。その中には世界情勢や経済の流れがたくさん含まれたソースはもちろん、優秀なアナリストが情報の分析や未来予想まで教えてくれている。なのにどうして、みんな株で儲けることは出来ないのだろうか？

そして5％の人はなぜ儲けている（勝てる）のだろうか？

全体の5％といえば、少数派だ。多数派の意見を「常識」と言い換えれば、少数派は「非常識」な人達になる。

株で言えば、みんなが「買いだ！」と考えるときに売る、人が「売りだ！」という時に買う。実際にはこんなに簡単ではないだろうが、理屈としてはこうなのだろう。5％の勝ち組は、非常識な人達なのである。

私が言いたいことは何か、商売を始めるならば常識は必要ないという事だ。

私は起業を志す人を見て思うのだが、まじめで勉強家の人程、私には商売に不向きに見えてしまう。

私の知り合いにこんな人がいる。自己啓発セミナーに通い、カリスマ経営者の人物伝を読み漁り、成功者の受け売りの知識の量はたいしたもので、どこかのアナリスト並みにビジネスの話が出来る。

けれど彼は3年たっても5年たっても勉強をしているだけなのだ。

勉強が悪いと言っているのではない、常識を信用していても非常識に負けるように、商売は実際にやってみるまで答えはわからないと言っているのだ。


例えばお店の定休日や営業時間一つ取っても、常識に囚われすぎだと思う。みんな最初から、ランチタイムは11時～14時だったり、定休日は火曜日あたりだったりと、当たり前のように決めている。

そんな事、自分の責任において商いをしているのであれば、決める必要などないと思うのだが。極論を言えば、好きな時間に店を開き、好きな日に休めばいいのだ。不定期営業、不定休だ。

えっ？　お客さんに対して失礼？　そうだろうか？　お客さんに迷惑をかけることが、かえって評判を生むことだって世の中にはあるのだ。

現に私がラーメン店をオープンさせた当時、メニューは一種類だけだった。選択肢は大盛りすらなかった。だからお客が座ると黙ってラーメンを出す。ただそれだけだ。

これはわざとやった。ラーメン専門店なんか珍しくない。何でもいいから個性、インパクトを強めたいと思ったからだ。まあ、不器用で料理の苦手だった私には一種類しか作れなかったと言うのが本当の理由だが（アハハ）

もっと言えば、誰でもやっていることをやるよりも、誰もがやっていないことをやった方が、成功率はあがると思うのだ。

先に勉強しすぎる人は商売には向いていないと書いた。それは勉強すればするほど「常識」に縛られてしまうと思うからだ。もっと言えば、学んだことが全てになってしまい、柔軟さを失う事が怖いと言ったのだ。
私が「非常識」にこだわるのは、「世の中は自分が思っている程普通じゃない」と思っているからだ。（普通の定義もわからんが）だって普通じゃ通り魔とか猟奇殺人なんて意味の分からない犯罪は起きないでしょ……。話がそれた。

つけ麺や油そばは、私が商売を始めた頃には、ほとんど誰も知らなかったはずだ。それがヒットするなんて誰が予測しただろうか。そもそもこれらのメニューは、常識的な発想からは生まれなかったと思う。なぜなら中華をちゃんと勉強してきた人には出来ない料理だったはずだ。しかし、そんなところからヒット商品は生まれるのだ。

わかりにくいかもしれないが、世の中（95％）がそうだから正解だとか、ウチもそうじゃなくちゃいけない、なんて事は全くないという事だ。

■読めない数字

経営者として20年近く過ったが今だにわからない数字がある。「売上数値」だ。人件費や地代家賃、原材料費から光熱費などの経費は、地域や環境が違えど、ある程度予測は出来る。これは経験から出した数字を信用していい、という事だ。

しかし売り上げだけは開けてみるまでわからない。銀行やコンサルタントがもっともらしい売上予想をするが、それは何の根拠もない予想なのだ。

大手デベロッパーなど、平気で何百億の売り上げ予想のパンフレット持ってくるが、それは、その数字が無ければ商談が始められないからだ。特に店舗誘致など…。あれは願望とかい期待の数字である。

「蓋は開けてみないとわからない。世の中の全てがである。」

幸いなこと?かどうかわからないが、私は今、食に関わるいくつかの業態をやっている。ラーメンだけでもいくつかのブランドがあり、日本蕎麦や丼の専門店もある。

そこで、なのだが、ある場所に出店するとき、私は売る商品を先に決める事を嫌う。売ってみなければ売れるのかどうかなんてわからないからだ。

関係者の誰かが「これで行きましょう!」とどれだけ熱を帯びその商品を押しても、それはその人の主観に過ぎない。売れればなお良し、しかし経営者はそれだけではダメだ。

売れなかった場合を想定し、準備するのだ。

例えば、売上が悪ければ、すぐに次の商品で勝負する。それでも売れなければまた次だ。逆の判断もある。売れるまで辛抱するのだ。もちろん手をこまねいて何もしないわけではない。商品は代えないが、直すべきところはどんどん手を入れていく。

大事なことは、出店そのものを無駄にしないことだ。出店には初期投資がかかる。これが回収できないと商売は失敗になってしまう。

失敗はしてはいけない。だから考える。途中でやめれば失敗だが、売れるまでやり続ければ、それは失敗ではない。

先でも言ったが何が売れるかなんてわからないのだから売る前に商品を（メニュー）決めつけるのは、自分で商売を難しくしているのと同じ事なのだ。

ただ、矛盾するかもしれないが、大事なことは、まずやってみる事だと思う。わからなくても、判断が難しくても、行動しなければ何も生み出せない。机上論で優劣を論じることに意味はない。商売するなら、先ず実際にやってみる。それが商売の第一歩なのだから。

そして絶対に忘れてはいけないこと。

経営者にとって一番大切な事は「経常利益を作る事」なのだから。

■常識に可能性はない？（垣東）

「商売するなら、常識よりも非常識が重要」土田さんの話は面白いと思います。これを僕なりに補足します。

常識というのは、みんなが当たり前に思うこと、当たり前にやることです。例えば、お客さんが来たら「いらっしゃいませ」、帰るときは「ありがとうございました」と声をかける。こんなの接客業の経験がゼロでも、日本人ならば誰でもわかるし、誰でもやります。もちろん、常識なことをやれば、マイナスはありません。でも、当たり前のことならば、どんなに努力してもお客さんに評価されないよ、逆に非常識なことをすれば、成功へのチャンスが生まれるよ、と土田さんは言うのです。

この話を聞いてある人のことを思いだしました。亡くなった佐野実さんのことです。佐野さんは、テレビ番組で「ラーメンの鬼」として知られていた人で、実際、佐野さんほどラーメンを愛し、ラーメン研究に打ち込んだ人はいないかもしれません。まさにラーメンの求道者だったのです。でも、彼を有名にしたのは、ラーメン職人としての腕や探求心ではありません。ハッキリ言えば、「非常識な店」をやっていたからです。

そこは、「私語禁止」「香水禁止」のラーメン屋でした。

正確に言うと、香水禁止は張り紙があったので間違いありませんが、私語禁止は明言されていませんでした。でも、現実は「私語厳禁の店」と言っても過言ではなかったのです。

それにしても、私語禁止の飲食店というのは異常です。僕も実際に行ったことがありますが、その緊張感はハンパじゃありませんでした。ラーメン屋なのにまるで図書館のように静かなのです。お客さんは、咳やクシャミすらはばかられるような雰囲気でした。ちなみに接客態度も悪く、「いらっしゃいませ」「ありがとうございました」もろくに言わない店でした。まさに絵に描いたような「非常識な店」だったのです。

こう聞くと「そんな不愉快な店行きたくない」と思うかもしれません。でも、それは大間違い、店は開店前から閉店まで行列の途切れない、超人気店だったのです。もちろん、これは佐野さんの作るラーメンが魅力的だった、ということもあるでしょうが、それ以上の魅力は、その「独特の緊張感」でした。

お客さんたちは、実に緊張感を楽しんでいました。なにしろ私語厳禁の店なんて、前代未聞です。お客さんは、息を潜めて佐野さんの仕事を観察し、そしてハプニングを期待していました。自分以外の誰かがしゃべり出して、頑固オヤジの雷が落ちないか、そんな感じですね。

佐野さんの名誉のために補足しておくと、これは彼の本意ではありませんでした。佐野さんは変な言い方ですが「ノリがいい」人だったので、周囲の「頑固オヤジ」という期待に応えるうちに状況がエスカレートしていっただけなのです。その証拠に、「私語禁止」は最初の店（神奈川県藤沢市）だけで、それ以降は普通の店でした。

これはまさに非常識な店が成功した実例だと思います。もちろん、非常識がマイナスに働いて大失敗することもあるかもしれませんが。

勉強は2番じゃダメ?

まず私が体験した話を少し聞いて頂きたい。

「勉強はなんでするの?」5歳の娘が私に問う。

「……」私は上手く答えられない。

私は勉強が苦手だったし、きらいだった。でも、48歳の今まで生きてきて、それで深刻に困ったことが(たぶん)ない。だから娘に勉強の必要性を説明できない。

もちろん文明社会で生きる以上、コミュニケーション能力とか簡単な計算能力とか、多少の知識は必要だし、勉強を全否定するつもりはさらさらないが、それ以上の勉強、例えば方程式とか化学記号とか、私には必要だったと思わない。48年間生きてきて、（少なくとも商売において）一度も役に立ったことがないのだから。

もちろん世の中にはいろんな生き方があるし、勉強したことを活用している人たちがいる事も知っている。ただ、小中高大とレベルの差こそあれ、誰もが同じような勉強をすることに意味があるのか私にはわからない。まあ偉そうに言っても、勉強を否定できるほど勉強と向かい合ったわけではない。サボっていただけだ。そう思えば、私の人生は少年時代から大人になった今も、いつもどこか楽な道ばかり選ぼうとして、結局は遠回りばかりして来たのかもしれない。（怠者の宿命なのか…アハハ）

タイトルに勉強は2番じゃダメと書いた。（教育委員会のおっさんに怒られるかもな）

何の話かというと、私はいくら勉強しても、その成果を手に入れられるのは、1番の人間だけだと思うからだ。

例えば勉強をできる人は、東大を出てキャリア（そもそもキャリアが何者なのかも知らんが）になったとしよう。これはゴールではないが、人生の保証を取り付けたみたいなものだ。そこからはよほどのヘマをしない限り、社会の平均以上の収入が保証される。全然出世出来なくても平均以上の生活が送れるはずだ。これが勉強1番の成果なのだ。

それでは皆がキャリア組になれるかというと、そんなはずはない。きっとクラスで一番…いや学校で一番…かそれ以上でなければそこに辿り着くことは難しいだろう。

私が言う1番というのは、1000人に一人くらいの、「勝者の中の勝者」のことだ。こんな人は、苦労して商売なんか始めるべきではない。勉強の成果で安楽に暮らせばいい。

一方、2番は一流私大や地方の国立大に入り、そこそこの企業に就職したとする。2番の彼にとって就職はゴールじゃない。そこからさらに努力とか才能を発揮しなければ落ちこぼれてしまう。つまり、勉強が人生を担保してはくれないのだ。そういう意味で言えば、2番だろうと最下位だろうと、立場は変わらない。

つまり1番にならない限り、勉強はめしの種にはならないのだ。

私には、「将来のために頑張って勉強しろ」という大人の声がアホらしく聞こえる。いくら勉強しても、1番になれない限り、みんな「一生ずっと頑張り続けねばならない」という立場では同じなのだ。

だから、青春を犠牲にしてまで勉強に打ち込む事に、私は全く意味を感じない。もっと大切なことがある。

学生時代には友と酒を飲み、麻雀にあけくれ、彼女にふられて泣いている事に意味がある。その方がよほど大人の社会に出た時に役に立つ。私は本気でそう思う。

国税庁の発表によるとサラリーマン全体のうち年収一千万以上の人の占める割合は3.8%だそうだ。100人で3.8人か。約4%と考えても、何か株の勝ち組数字と近いな…間違いなくその3.8人は勉強をしてきた1番の人間だろうな。しかし今の時代一千万円では安定しているとは言い切れないだろうし。

でも、一千万以上だから、もしかするとこのうちの2人ぐらいは三千万円ぐらいあるのかもしれない。

やっぱり勉強はした方がよいのかしら…アハハ

■勉強に意味があるのか（垣東）

これは最近、よく話題になる「日本の教育制度に見直しが必要なのでは」という議論について、土田さんが体験的に話している。

そもそも日本の教育システム、特に大学教育は明らかに制度疲労というか、現実に合っていないと、僕も思います。言い方は悪いですが、学校で平均以下の成績だった人間が、アカデミックな教育を受けるなんて馬鹿馬鹿しいというか、意味がないと思います。

それこそ今の大学の大半は、「有料の遊び時間」に過ぎません。そういう意味では土田さんの主張する「学生時代には友と酒を飲み、麻雀にあけくれ、彼女にふられて泣いている事に意味があると思う。その方がよほど大人の社会に出た時に役に立つ。」を大多数の学生は実践していることになります。

しかし、高齢化がすすむ現代日本にとって若者を遊ばせている余裕はもうないかもしれません。多感で旺盛な吸収力を持っている時期に、なんの価値もない研究ごっこに時間とお金を費やす今の大学システムは、あえて言えば大学屋の「金儲け」にしか見えません。

一方、あまり話題にならないのですが、ドイツやフランスでは12歳で大学に進むか、職業訓練校へ進むか選択されます。そして職業訓練校を卒業したら15歳で働き始めるのです。ちなみにドイツの大学進学率は約25%とか。日本は50%あまりですが、専門学校を含めれば90%以上が20歳まで学生をやっています。日本でも、高校や大学で、もっと実社会で役立つ技術を教えるべき、という議論が盛り上がっています。

ただ、日本が「ドイツ式」を模索しているのに対し、当のドイツでは「12歳で人生が決まる源氏のシステムはおかしいのではないか」という議論が盛り上がっていて、方向としてはどちらかというと日本的な教育システムに近づいているそうです。教育システムというものはなかなか難しいものですね。

それはさておき、土田さんは勉強をビジネスと同じ視点で考えています。つまり、勉強という活動は、投資に見合う成果があるか、という視点です。そして土田さんの判断はノーなのですね。確かに超一流の大学を卒業しない限り、学歴が人生を助けてくれない。ならば勉強に身を入れるのは効率が悪い、というのは説得力のある意見だと思います。

ラーメン屋はつぶれない？

読者の方は、「そんなことはない。近所のラーメン屋はつぶれたぞ」と言う人もおられるだろう。その通り、ラーメン屋だってつぶれる。だから言い直そう、ラーメン屋はつぶれない、ただし店作りにお金をかけなければ。

私がこの商売を始めたきっかけは投資が少ない事、たぶんこれが第一の理由だった。

もちろん味のこだわりとか、サービス業の奥深さだって感じていたつもりだが、きれいごと抜きで話すなら、やはり初期投資が低い事が最大の魅力だった。

もしお金があったら航空会社とかリゾートホテルなんかをやりたかったのだが…アハハ。

私の最初の店は、もともとガレージだった。当然電話はなかったし、冷蔵庫は自分のアパートから持ってきた独身用を使っていた。ガス台などもちろんなく、五徳（わかるだろうか？昔マッチでボッと点火するあれである）の下に、これまた拾ってきたブロックを何段か置いて代用していた。水道は２口、シンクも幅が４５cm程度の家庭用（まな板を置けば調理台にも早変わりした）だった。寸胴だけは繁盛店が使う直径６０cm（１５０食程度）の物を奮発して中古で手に入れた。これだけはどうしても必要だった、何せ6席しかない店だったが将来的には一日１５０人の来客を夢見ていたから…。ちなみにオープンしたその日の来客は3人だったが(笑)

とにかく徹底的に初期投資を切り詰めた。

初期投資は無駄遣いしない、それは変わらない方針だ。

十数年前のある日、弊社の開発スタッフと業者さんに大声で怒鳴った事がある。原因はある工事費の見積もりだった。ショッピングセンターの中での開店が決まり、開発スタッフと業者さんとで厨房や店舗の内装の打合せが進み、最終的に私の所に工事金額の見積もりが上がってきた。

その数字に私は驚いた。額面は確か（工事費空調設備等は別）二千万位だったと思う。確かに二千万と言ったら大金で気の遠くなる数字なのだが、私が目を点にしたのは額面でなく項目だった。

食器洗浄機一式〇〇〇万円、自動麺上機〇〇〇万円、3蔵1冷形冷蔵庫4台〇〇〇万円、いったい何でそんな高額な機械が必要なのか、すぐに責任者を呼んだ。私にはまだ1円も稼いでいない店にそんな投資をすることが理解できず、業者さんの前で弊社の担当者に大きな声をあげてしまった。

しかし、結果的にはこの店に自動食器洗浄機や麺上げ機、大型冷蔵庫もすべてスタッフの希望通り納入する事になる（これは別の章で説明する）

これと似たようなことは何度もあった。その度に私は悩み考えた。

これはさらに前の話。スタッフが「店の前にのぼりを立て、新メニューを宣伝しましょう」と販促（販売促進）の提案をしてきた。私は彼の意欲を認め、よし、それならやろうという事になり、のぼりを2本用意した。今では普通かもしれないが、オリジナルのメニューが入ったのぼりを作る店はまだ少なく、宣伝効果バツグンだと思い、私もうれしかった。

しかし問題が起こった。私の生まれた田舎と違い、のぼりは地面にさすことが出来ない。さおを立てるには土台（おもり）が必要なのだ。土台にのぼりをさすのである。

私はスタッフとアルバイト（と言っても3人で全員だった。今は弊社の役員と関連会社の社長さんですが）に「袋に砂でも入れておけば大丈夫だよ」と話し、2人もそれに大きくうなずいていた。

翌日店の両端にのぼりが立ち、それを見た私は上機嫌だった、よく見ると入っている袋がきれいで新しい。業者さんが気をきかせてくれたのだろう。ひもをあけてみると砂もまた、サラサラときれいな砂が入っていた。

そうだよな…飲食店だもの砂はきれいに乾燥させて入れたんだ…、私は2人に「よくこんなきれいな砂が手に入ったね」と誉めた。
2人は「はい！そこの店で買ってきました」とニコニコ笑っている。

彼らはその日人生の中で一番怖い思いをした日になった。

私はケチケチしろと言っているわけではない。第一、そんなことだけでうまくいくほど現代の飲食店経営は簡単じゃない。だが、ラーメンを始めるとき、店作りにお金をかけることだけは賛成できない。飲食店数あれど、ラーメン店は一番参入障壁が低い、つまり簡単に店が出せる。日本国内で年間一番多く開店する飲食店はラーメン店だという。そして一番多く閉店するのもまたラーメン店だ。出店が一番多いのだから閉店が一番多いのも当たり前、と思われるかもしれないが、私には納得できない。これは本来のラーメン店の商売の投資と収入のバランスが著しく崩れているからだ。
言い方は悪いが、初めてラーメン店をやるなら、お金をかけるのは賢明ではない。ラーメン店に必要なのは、のれんでも赤提灯でもいい、ラーメン屋だとわかる看板（目印）だけだ。内装も食事する場所としての最低限の環境さえあればいい。言い換えれば、同じ6席ならば店舗でも屋台でも同じだと言うことだ。

他の飲食業ならば、やっぱり「それなり」の店構えが要求されるだろうし、それなりの初期投資も必要だろうが、ラーメン店ならば貧乏くさい店（言い方悪いね）でもお客はそんなに気にはしない。

ラーメン屋がつぶれない法則には「お金をかけずに始める」これが絶対的に必要なのである。

■ラーメン屋はつぶれないかも（垣東）

土田さんの言うとおり、ラーメン屋はつぶれないものなのか、考えてみましょう。

仮に一軒のラーメン屋をイメージします。カウンターのみで6席の小さな店です。ラーメンは東京価格で一杯700円、トッピングとかもあるから客単価が800円で想定します。そしてその店には、お客さんがほとんどいない暇な店だとします。

お店が存続していくためにはどれくらいの売上が必要でしょうか。1日50人お客さんが来れば、1日の売り上げは4万円、月に25日営業すれば100万円の売り上げになります。これを従業員を使わず、店主一人で切り回すならば、月に30万円ぐらいは給料を取れると思います。年収で360万円です。一人は大変ですが、1日50人のお客さんを呼ぶことは、ラーメン屋ならばそんなに難しくないです。たぶん、普通にやれば達成できると思います。

1日50人という来客数を、混み具合で想像してみます。お店の席数が6席だとしたら回転率は8回転あまりです。営業時間が8時間だとしたら、1時間あたり1回転です。

ちょっとわかりにくいので、表現を代えましょう。お客さんは、1日50人。そのうち、ランチタイムの11時半から13時半まで2時間だけで30人来客があるとします。

するとランチタイムを除いた営業時間は、6時間に20人、1時間に3人あまりしかいないのです。お客さんの平均滞在時間は20分ありません。つまり、このお店は（ランチタイム以外は）常にお客さんが一人しか店にいないのです。

それでも月商100万円、月収30万円になるのです。ほら、外から見て「客なんかほとんどいない」ようでも、商売として成り立っているわけです。

　ちなみに1日に100人お客さんが来るならば、さっきの計算法で売り上げは月に200万円。人件費の総額を80万円とすれば、アルバイトにのべ30万円払っても店主の月収50万円、年収なら600万円です。この程度の数字ならばハードルが高いとは言えません。サラリーマンの平均年収が500万円あまりだそうですから、これは立派な数字だと思います。

　こうして数字で見れば、「ラーメン屋はつぶれない」という土田さんの私の考えも理解してもらえると思います。

　ただし、これは初期投資を計算に入れていません。もし、初期投資が1200万円だったらどうでしょう。1200万円は決してべらぼうな数字ではありません。むしろ控えめな金額だと言っていいでしょう。これを3年で償却しようとすれば月の返済はざっくり40万円としましょう。これだと月100万円の売り上げでは絶対に無理です。利益の中に会社の利益を計算していませんから、償却代は店主の給料分から以外、差し引く場所がありません。つまり月商200万円でも、店主の手取りは10万円になってしまうわけです。

　よくラーメン店のフランチャイズビジネスがありますが、パンフレットを見ると、月商

400万円で設定されています。つまり1日200人の来客を想定しているのです。これはかなりハードルの高い数字です。日本のラーメン店の平均売り上げは知りませんが、どう考えても400万円なんかあるはずがありません。たぶん5軒に1軒、いやそれよりも数が少ないでしょう。それでもフランチャイズが、そんな強気な数字を設定する理由はひとつ、それだけの売上がないと、維持できないくらい経費が高くつくからです。初期投資、フランチャイズ料、様々なマージンなど、経費はたくさんかかります。

土田さんがおっしゃるように、ラーメン店は外装や内装にお金を使わなくても、お客さんは気にしません。これはラーメン店だけに許された「特権」なのです。これを利用しない（初期投資をする）ならば、他の商売を始めた方が、投資の甲斐がある、というのは一理あると思います。

ラーメン店経営はマイナス思考で

■お客ゼロを想定する

この本を読んでいる人の中に「今からラーメン屋を始めよう」と思ってる人がいるのなら、必ずやってみて欲しいことがある。

「もし、お客が一人も来ない場合、どのくらいの期間、店を維持できるのか」を逆算して欲しいのだ。

何度も言うが、どんなすばらしい経営者にも、売り上げだけは見えない。だからこそ、最悪を想定するくらいの覚悟が必要なのだ。そこまで行かなくても、店を始めるならば、「これくらいのお客が来るだろう」などというのは自分勝手な期待に過ぎない。まず「1日どれくらいのお客さんならば維持できるか」を計算すべきだ。

　店は客が来なくても維持費がかかる。最悪を想定すれば、可能な限り経費を削ることが重要だ。そして開業するときに削れる経費というのは、「初期投資」をさす。仮に初期投資を1200万円かけたとする。一杯600円のラーメンならば2万杯分、いや、600円のラーメンから得られる利益は、人件費を除いても300円くらいだから、4万杯売らないと返済できない金額だ。半分の600万円でも2万杯、300万円でも1万杯。もしアルバイトを雇ったら、1杯の利益は200円かもしれない。もちろん、お客が来なければ、この利益さえも出ないことを頭にたたき込んでおくべきだ。なんて考えてみると、楽観論など吹き飛んでしまうことが理解してもらえるだろう。

　私は、ラーメン屋を始める前に大型自動車の免許を取った。蓄えのあるうちに、店がつぶれた後の生活を準備したのだ。

　そして、お客が一人も入らなかった想定で収支を算出し、残った蓄えでどれくらいまで店が維持できるか考えた。そして大切なのは、金もなくなるが借金も残らない、というタイミングで店をたたむことを決めてから、店を始めた。

たたんだ場合、すぐに生活手段を用意しなくてはならない。私の場合性格的に（問題アリなんです 笑）、会社勤めは無理として一人で出来る事。私の唯一のサラリーマン経験は設計事務所勤めだが、ラーメン屋がダメで設計事務所を始めても、明日からのキャッシュは1円も入らないだろう。そこで考えたのが大型トラックの運転手になる事だった。

偉そうなことを言うつもりはないが、私はそれくらいの覚悟でラーメン店を始めた。それくらい不確実な商売だと思っていたからだ。もちろん、それは今でも……

だから店舗工事費をなるべく安くしようと考えたのも理解してもらえるだろう。もちろんお客の座る椅子をみかん箱にしろとか極論を言っているのではない。不確実な投資はするなと言っているのだ。少なくとも多少の余力を持てるまでは…。

■ラーメン屋の成功とは

人気店で修業をしてきた若者が、弊社にも時々入社してくる、仕事を見ているとさすがだと感心させられることは多い。だが困った事もある。自分の仕事とか味に、自信を持ちすぎているのだ、もちろん職人として自信を持つ事は良い事なのだが、悪い言い方をすれば味にも仕事にも融通が利かない。

例えば、彼らの目標を聞くと、みんな口をそろえて「行列店を作る事」だと話すのだ。ちょっと待って欲しい。行列を作ることとラーメン店として成功することはイコールではない。

あくまで私の主観だが、行列店を作る事はさほどむずかしい事ではない。現に私ごときの店でも最初の店をオープンして一年目には１００人近くを行列させた事もある。もっと意地が悪い考え方をすれば、行列は姑息な手段で作ることすら出来る。席数を減らせば、提供を遅らせれば、渋滞を起こし行列が出来る。（これは自滅行為だが）

私は「行列はもうからない」と思っている。

■行列店はゴールではない

行列にはメリットとデメリットがある。先ずメリット、行列が出来ている事は今のラーメンの世界では人気店のバロメーターだから、大きな宣伝効果になる事は間違いない。マスコミもすぐにテレビや雑誌で紹介してくれるだろうし、お客も遠方から詰めかけるだろう。

それではデメリットは?まずは売り上げが落ちる可能性が出てくることだ。

ラーメン店には仕込みが必要だが特に個人店では営業時間中ずっと行列になっていると、仕込みをする時間が無くなる。どうするのか?夜中から朝まで仕込みをするのだ。しかしこれでは体力的に長くは続かない。

どうするのか?スープがなくなるまで営業し、売り切れたら閉店、そこから翌日の仕込みを始める、いわゆるスープ売り切りの店にするのだ。そうなると、営業時間が短くなる。売り切れなのだから問題ないように見えるが、売れる杯数が決まっている、営業時間が限られている、ということは、売上に伸びしろがない、ということでもあるのだ。

また、行列店というのは意外に効率が悪い。例えば、開店と同時に満席になれば、全員分を一気に作ることになるので、お客にラーメンを提供した時点で厨房の職人の手は止まる。もちろんその時間を利用して他の仕事が出来ると言われるかもしれないが、行列店のカウンターをよく見て欲しい。意外に店主の手が止まっている時間は多いものだ。

さらに言えば、行列店の店に並ぶお客はたぶん近所の人ではない。多くは評判を聞きつけ遠くからやってくるお客さんだ。それはそれでありがたいことかもしれないが、行列店になるまで贔屓してくれた近所のお客さんの足が遠のくという事にもなる。昼食に利用してくれていたサラリーマンは行列に並んでいたらランチタイムをオーバーしてしまうし、待つのが苦手な人もいるだろう。行列が続けばいいが、近所の贔屓客を逃がしてしまうのはいかがなものか。

ちなみに、私は1軒目の店が行列店になった。その後、場所を移転し、2軒目を始めた。なので単純に比較は出来ないが、2軒目は殆ど行列が出来なかったにもかかわらず、売上は1軒目の2倍近くを達成できた。席数がほぼ同じだったのに。

行列のマイナスポイントを挙げてみたが、なんだか言いがかりみたいに思われるかもしれない。確かに行列をことさらネガティブに考えることには無理があるかもしれない。しかし、私が言いたいのは「手放しで喜べるほど行列は良いものではない」ということだ。

今、私の店の前に100人並んでいるとする。100人が作る行列はものすごい。でも、売り上げだけを考えてみよう、一杯600円ならば、行儀の悪い言い方をすれば大行列も6万円の売上にしかならないのだ。

さらに言えば、行列は多くの場合、一時的な現象である。ラーメン店経営は、ビジネスであって趣味などでない以上、利益を上げること、そしてさらなる利益を追求することである。もし行列店になれれば、次に考えるのは2軒目、3軒目の出店、つまり多店舗経営だ。そして店舗が増えれば、多くの場合、行列は消える。

ラーメン店を志す人たちは、一度行列店になれれば、それがいつまでも続くものだと思っているが、それはとんでもない誤解だ。店舗を増やしても行列がなくならない店は、「ブランド」

になれた店だけだ。そしてブランド店になることは行列店になることよりも遙かに難しい。

つまり行列は、成功へのスタート地点に過ぎないのだ。だから成功イコール行列にこだわる事だけではないことだけは覚えていてほしい。

だから、開業するときに「どうやったら行列店になれるか」と考えるよりも、「どうやったら継続していけるのか」を優先して考えるべきだ。

最初から従業員を雇うなんて私にとってはもってのほか。まず一人で（あるいはパートナーがいるなら二人で）どこまでやれるのか考えて挑むべきである。それが出来るのは飲食店の中でもラーメン屋という、ある意味特殊な業態であるのだから。

ラーメン店にとって成功とは（垣東）

土田さんの話を聞いていて、あまりの用心深さに驚かされます。少なくとも世の中で「ラーメン店の開業準備」として大型トラックの免許取る人を僕は聞いたことがありません。ましてや、「誰も客が来ない場合、何日生活できるか。つまり何日ダメなら廃業という決断をすべきか」、はまずいないでしょう。恐るべき用心深さというか、ネガティブシンキングですね。

でも、土田さんの真意は別のところにあります。それは、「楽観論は絶対にダメ」という先輩としての金言なのです。

土田さんとお話をしていて一番頻繁に聞くことは、「売上は読めない」という話です。売上というのは、つまりどれくらいお客さんが来てくれるか、ということです。店をやる以上、経営者が「お客さんにたくさん来て欲しい」と願うのは当たり前ですが、お客さんの側に立って考えると、新しいラーメン屋が出来たからと言って、そこへ行かなくちゃいけない理由など、どこにも存在しないのです。

ラーメン店にとって成功とは、行列店になることだ、と言う考え方は世間でよく知られていますが、これは僕も正しくないと思います。

ラーメン店にとって成功とは、繁盛店、つまり大きな売上を作れるお店です。ざっくり言えば、ラーメン店ならば1軒あたり月商1000万円を稼ぎ出せば、立派な成功店です。でも、月商1000万円以上の「成功店」のすべてが行列店ではありません。そもそも営業時間中行列が続いているような店は、殆どありません。逆に、終日行列が途切れなくても、月商1000万円に及ばない店は、たくさんあります。つまるところ、行列店と成功店は、とてもイコールとは言えません。

さらに気になるのは、行列店になること、の解釈です。普段暇な店でもランチタイムには行列が出来ることがあります。二人しか並んでなくても、100人以上並んでいても、行列店には違いない、という解釈もあります。まあ行列店なんて定義は曖昧なのです。

そして、一番肝心なことは、行列店に何とかなれたとしても、それが続くかどうかです。多くの場合、行列状態は長続きしません。続くのは、本当に限られた一部の店だけです。行列店は、言わば成功の入り口です。野球選手で言えばプロ選手になることとみたいなもので、決してゴールではないのです。

思えば行列というワードが実際以上に目標になってしまうのは、マスコミのせいです。マスコミにとって、味は映像で見せられませんし、数字もインパクトはありません。ラーメン屋の前にずらりと大行列が並ぶ」これはマスコミにとって、とてもわかりやすい「人気店」の証拠なのです。

僕もマスコミの一員なので責任の一端はあると反省していますが、みなさん、行列という言葉のマジックに騙されてはいけません

ミニコラム

発想の原点は少年野球だった（土田）

自分で言うのもおかしいが、私はいつからこんな風な考え方をする様になったのだろうか？

ルーツを見つけるために記憶をさかのぼり、たどり着いたのは、少年野球の思い出だ。

幼少時代、私は北陸の田舎の町で育った。物心ついたころには近所の少年野球チームに入って、朝から晩まで野球に明け暮れていた。

野球選手になったからには、ピッチャーになりたかったし、ホームランも打ってみたいと、子供ながらにいつもそう思っていた。だから練習だけは、ずっと一生懸命やった。

しかし、私は体格に恵まれていなかった。幼少のころは体が小さく、クラスでもずっと一番前の席だった。しかも私は自分のサイズにあった用具は買ってもらえなかった。バットは友達のものを借り、グローブは父親がどこかでもらってきたものを使っていたが、友達のバットは重たかったし、グローブも大きすぎた。だから練習量の割に私は上達が遅かった。

低学年の頃は特に気にならなかったが、5年生辺りになると、、同級生と頭一つ小さい事が自分でも気になり、私より大きな下級生がレギュラーに使用される事が多くなった。

ところで、野球で活躍する条件とは何か、わかるだろうか?

5年生の私には答があった。「試合に出してもらう」事だ。しかし、私には試合に出る機会などろくに与えられなかったのだ。

私が試合に出してもらえるチャンスは、もちろん先発スタメンではなく、代打でも守備固めでもなかった。試合終盤で（お情けで）出してもらえる代走が、唯一の出場機会だった。

私は、この心細いチャンスをつかむ方法を必死で考えた。ちなみに私は特別足が早かった訳ではない。

ある試合で、私はいつものように試合終盤で代走に出た。点差の開いた負け試合だった。野球に詳しい方ならおわかりだと思うが、あまり意味のない代走である。

ピッチャーがモーションをかまえた時、塁上の私は、いつものリードより、二歩、三歩と大きくリードをとった。慌ててランナーコーチが止めるのも無視して。

相手ピッチャーの顔色があきらかに変わる。それを見て、ジリジリともう一歩。

私の行動が試合の空気を変えた。すかさずピッチャーが牽制球を投げる。私は一塁ベースに頭から戻る。起き上がると、私はまたランナーコーチの声を無視して、目一杯大きなリードを取った。ピッチャーは何度も牽制球を投げるが、私はアウトにならなかった。その結果、ピッチャーはコントロールを乱し四球を連発。試合は大逆転で勝利した。

これをきっかけに、私は一点を争う接戦の終盤はいつもピンチランナーとして二塁走者や三塁走者に指名された。つまり代走のスペシャリストになったのだ。

5年生の私は、代走という唯一のチャンスをどう生かせるか必死に考えた。それが極端に大きなリードなのだ。リードが大きければ、当然ピッチャーは気にする。ピッチングの他に一塁への牽制という余計な仕事が1つ増える。ピッチャーに余計な仕事をさせれば、バッターに集中できない分、フォアボールを誘ったり、甘い球を投げることになる、そう私は考えたのだ。

そのために、「どんなに早いモーションで牽制球を投げられても、私が一塁に戻れる歩数」を練習で何度も試し、把握していたのだ。

この作戦は小学生である相手投手には絶大な効果があった。誰もが制球を乱した。私の揺さぶりに耐えられるピッチャーは一人もいなかったのだ。

ところで、この話にはまだしゃべっていないことがある。私はなぜ牽制でアウトにならなかったのか、ということだ?実際私は一度も牽制で刺されていない。そのかわり、ただの一度も盗塁をしていない。

実は、私は最初から盗塁するつもりなど全くなかったのだ。だから、一瞬でもピッチャーが動いたら、脇目も振らず頭から一塁ベースに戻っていたのだ。だから投手がバッターに投げた場合も、私は全力のヘッドスライディングで一塁に戻っていた事が何度かあった…(笑)今思えば、さぞ滑稽な様子だっただろう。

何だかみじめな話に聞こえるかもしれないが、私はそう思っていない。おおげさに言えば、これは5年生の私なりに見つけ出した自分の存在価値なのだ。

人と同じでは勝てない。十人十色と言う言葉があるが、まさにそれだ。

確かに人とくらべれば成功は大変かもしれない。しかし、今自分ができる目の前の目標が成功の1歩なら誰にでもチャンスはあるという事だ。

第二章

誰も見たことがない店作り

今度は、実際に土田さんの店作りについて話を聞きます。「お金をかけない店作り」を土田さんがどう実践したか、そして伝説の「会員制ラーメン店」とは？聞いたことがない話ばかりですのでお楽しみに。（垣東）

お金をかけない店の作り方

私は現在の生業を始めるまで、まともな修行はもちろん、ラーメン屋でバイトした経験すら無かったのだが、これは結果として「良かった」と思っている。

今更だが、飲食店といっても、他の商売と同じで、何かを仕入れて、それを加工し売ることに変わりはない。決して特別なことではないのだ。

もし車や飛行機を作って売るというのなら、素人には原価など見当もつかぬだろうが、ラーメンなど1000円未満の料理を売るのだ。経験や知識がなくても見当はつく。誰一人「原価が2000円かも」と思うはずはない。

そして先にも言ったように、世の中には飲食店がひしめいているのだから、店をオープンしたからといって自分の店だけが急に繁盛店になるなんて虫の良い考えは捨てるべきだ。

飲食店が10年間同じ場所で営業し続けられる可能性は10%以下だと聞いたことがある。

何度も言う。だから儲かる算段を考える前に、出て行くお金をいかに抑えるかをきちんと考え、実行にうつすべきだ。

もちろん、これをしたからといって成功が約束される訳ではない。しかし、もし失敗しても傷が浅ければ、次のチャレンジが出来る。

では、私の場合、どんなプロセスを経て開店に至ったのか、具体的に紹介する。

ラーメン店をやろうと思ったとき、最初に考えたのは屋台だった。屋台ならば移動式だし、場所が悪ければ移動させればいい。それに何よりガスや水道工事の手間がはぶける。

しかし調べて見ると、東京都内では色々な問題があり現実的ではないことがわかった。

私が開業する時点で持ち合わせていた金額が300万円弱、20年ほど前の話だが、当時でも当たり前の開店資金には足りない金額だった。

それでも私には二つの武器があった。一つは時間だ。根気よく探せば掘り出し物があるだろう、そう思い、都内で若者が多くにぎわう場所にいくつかあたりをつけ町の不動産屋を歩いた。最初に目をつけたのは下北沢だった。若者が多いし、古い物件も多いのでなんとか商売になるかもと思い、物件を探し歩いた。条件は駅より徒歩5分以内、地下や空中（二階以上）ではダメ、狭くても構わないが間口が6メートル以上で、客席が15席は確保できる場所、これを条件に探した。もちろん一番ゆずれないのは家賃。条件は10万円以下だ。

しかし探せど探せど、この条件の物件は見つからなかった。

今ならネットで検索すれば、私の思い描いていた条件が非常識だと10分もかからず判明するだろう。しかし、無知な私は、相場自体がわからないまま毎日毎日物件を探し続けていた。結局、「自分が探している物件は存在などしないまぼろしだ」ということに気付いたのは3か月以上探し続けた後だった。

ここでへこたれてはいられない。私は、もう一度最初の考えに戻った。

「そうか、屋台でも出来ると思ったのだから大きさは屋台と同じ位あればよいのだ」

そこで、もっと小さな物件を探し始めた。しかし、当時の下北沢や渋谷はバブルの余韻も手伝ってか、まだまだ家賃が高い。しかも1軒いくらではなく、坪いくらと言う風習が残っていた。駅前の好立地なら5坪の物件でも坪10万家賃で60万円以上ばかり、とても話にならなかった。

私はそれでもあきらめず、都内で若者が集まる場所を地図上で辺りをつけ、探し続けた。辿り着いたのは江古田と言う小さな街だ。駅に急行は止まらないが、大学が駅の半径500メートル以内に3つもある。

行ってみると、下北沢の3分に1のいや5分の1程度の街だが若者が多く、昔ながらの商店街もあり、ここならなんとなく出来るかもと期待してさっそく不動産屋に飛び込んだ。が、撃沈。

失礼ながら練馬区とは言っても東京23区内。下北沢程ではないにしろ話にならなかった。

途方に暮れてウロウロと街を歩いていると、私は下北沢との違いに気付いた。

下北沢の場合、駅の周辺は、メインストリートをはずれた細い路地にも店がひしめいていた。でも江古田は、駅より100メートルしか離れていなくても、細い路地には古い住宅がひしめいていた。車一台通れるかどうかの細い路地、道路には植木鉢が並び昭和のにおいがする。

私はひらめいた「そうか…店舗物件を探すからダメなんだ…。」

その日から私は、江古田駅周辺の裏路地をくまなく徘徊するように歩いた。探したのは空き物件ではない。「車の車庫」、それも軽自動車が1台入るやっとの大きさの車庫だ。見つけたら車の出し入れもチェックした。何度もハンドルを切り替えて車庫入れに苦労しているのを確認し、何件かあたりをつけた。

中でも一番狭い路地にある小さな古い車庫が気に入った。立地は悪いが、駅の改札から100メートルも離れていない。近所で聞き込み、持ち主は隣の床屋さんである事を確認し、散髪に行った。何度も通う覚悟だったので切る長さはほんの数ミリ（笑）

それとなく親父さんに話を聞くと、この辺は昔ながらの道路で道幅が狭く、軽自動車しか入れない。車庫もやっぱり軽が一台入れる大きさ、乗り降りのドアも半分しか開けられない、と雑談の中でボヤいていた。

これは可能性がある。そう思った私は床屋から出るとすぐに近所で駐車場を探した。運よく店から80メートル程の大通りに、出来たばかりの立体パーキングがあり、しかも一台空きがある。私はその場で駐車場の仮契約をし、再び床屋の親父さんを訪ねた。そしてこう持ちかけたのである。

「こちらで駐車場を確保するから、車庫を貸してもらえないか」

当時立体駐車場は月額3万5千円、それを私が払う代わりに、隣の車庫を月額1万5千円で貸してくれという話だ。普通車も使え、出し入れが便利な駐車場がタダで使え、軽しか止められない車庫に家賃が発生するのだから、得はあっても損はないはず、と説得した。

最初は、あまりにうさんくさい話と、にべもなかったのだが、何度目かの交渉で了解してくれた。

これには様々な幸運があった。床屋さんが軽から普通車に乗り換えたいと考えていたこと、床屋さんの住む家が立体駐車場のすぐ近くであった事、そしてもうひとつ。

床屋さんは、貸すに当たって二つ条件を出した。家賃は一年分ずつまとめて払う事、貸す期間は2年で延長はなし、もちろん私の方はオーケーである、調子に乗った私は、一年分まとめて払うのだから1ヵ月1万5千円の約束も年間10万位にまで値切るしまつ。若いっていいね(アハハ)これで家賃として払うお金は5万円弱に収まった。

実は最後の幸運というのは、この車庫がある地域に再開発計画があったことだった。近辺の路地を含むブロックを買い上げ、大きな駅ビルを建てるという計画だ。だから立ち退きが始まるまでの暫定ならば、退店時の原状回復義務もないはずだ、という事情が私の決断を後押ししてくれたのだ。

これで念願の物件は手に入れた。だが借りたのは車庫であって店ではない。実際、シャッターを開けてみると本当になにもなかった。本当のことを言えば、ここから水道やガスを引き、トイレや厨房を作り、厨房に手洗いを作ったり、排水施設を作ったりしないと店には出来ない。保健所の営業許可が下りないのだ。

とりあえず店のレイアウトを考え、自分で簡単な平面図を作った。店だからシャッターだけと言うわけにいかず壁も一面だけ作る事、ガスはプロパンを裏の通路に置きカウンターを作ればば店が作れると見当をつけ、早速近所の工務店に飛びこんだ。ところが法外な（といっても200万程度だったが）値段に驚き、自分で作ることを決意した。

私には二つ目の武器がある。私は以前、設計事務所で働いていた経験がある。普通の飲食店なら図面はかけるし、現場監督もできる。だから工事そのものを自分で仕切ろうと思い立ったのだ。

すぐに向かったのは区役所と職業安定所、区役所には届けを出し、区の補助金を調べ職業安定所に職を求める人を探しに行く。図面を見せ職人さん達を探した。集まったのは65歳を過ぎた（自称）職人さん達ばかり。そこで私も手伝いながら、大工さんに板金仕事やダクト作りまでしてもらったり、タイル職人さんには手洗いや便器を取り付けしてもらったりと、ガス以外のほとんどの工事を自分たちでやったおかげで最小の予算で店を作ることが出来た。ただし、普通なら1週間程度の工事が1ヵ月半もかかってしまったのだが（笑）

それでも何とか店は出来た、カウンター6席の名も無い店。

屋号はいちかばちかにかけて「いちや」に決め1998年11月の雨の日、ひっそりとOP

ENした。

オープンまでにかかった出費が仕入れを含め250万弱、この時点で私の全財産は残り数十万円まで減っていた。

まさにお金をかけない店作り！（垣東）

土田さんがお店を作るためにかけた費用はおよそ250万円です。さて、250万円でラーメン店を開くことは可能でしょうか？　答はイエスです。実際、それ以下でラーメン店を開いた人は少なくありません。ただし、それはすべて「居抜き出店」と呼ばれるものです。飲食店の場合、普通は廃業するとき、スケルトンと言って、店を借りる前の状態、つまり、空調、電気、ガス、排水設備などを全部解体、撤去（原状回復といいます）する契約になっています。これはお金がかかります。そこで、これらの設備を別の人がそのまま使うことで、廃業する人も、開業する人もお金が節約できる、これが居抜き出店です。ラーメン店の場合、「居抜き」で開店する店は少なくありません。

ちなみに、スケルトンの物件でラーメン店をやろうと思えば、場所や坪数によりけりですが、最低でも1000万円ぐらいはかかるでしょう。土田さんの場合、350万円しかお金がありません。だから最初は屋台を考えたのです。（屋台なら100万円もかからないと思います）ところが、東京で新規に屋台を出すのは事実上不可能なのです。まず、警察の道路使用許可が下りません。

つまるところ、土田さんには、「居抜き」以外の選択肢はなかったはずなのです。

でも、「素人の自分には居抜きでの勝負は最初から考えていなかった」そうです。なぜなら、「他の人が失敗した場所で店を始めるなんて、成功の確率が低い」からだそうです。

これこそ「土田さんらしい発想」だと僕は思います。普通ならば、「お金がない＝居抜き」と考えます。さっきも言ったように、他に選択肢がないからです。でも、土田さんは「わざわざ失敗例がある場所でやりたくない」ことにこだわり抜いて、最初の店を作りました。

僕は「居抜き」でスタートして繁盛店になった店を知りません。もちろんこれは僕の知る限り、なので例外もあるでしょうが、「一理はある」と思っています。それは「最初から妥協しないこと」です。誰だって「さあ自分の店を持とう」と考えたとき、居抜きがうれしいはずがありません。店のデザイン（レイアウト）も決められず、設備は使い古されて薄汚れ、しかも既にケチのついた店なのです。それでも選んでしまうのは、お金がないからです。でも、これって正解でしょうか？ 最初の妥協は次の妥協を生むのではないでしょうか？

確かに土田さんのように、設計事務所で働いた経験、なんてみんな持っていません。だから土田さんのような型破りな店作りは真似できないでしょう。でも、大事なことはそこではありません。ポイントは「お金がないことに妥協しなかった」ことなのです。

会員制ラーメン店

知っている方はもうほとんどいないだろうが、私の最初の店は、世にも珍しい「会員制ラーメン店」だった。何のことか意味不明かもしれない。店には看板もなく、ドアには鍵がかかっている。お客さんは会員だけが知っている暗証番号を押して鍵を開け、来店するのである。なぜこんな不思議な店を作ったのか、その顛末を話そう。

いよいよオープンを迎えたのだが、工事予算をケチったことも手伝って、かんじんな店の看板を作ることを忘れていた。偉そうに設計事務所の経験と言っていた人間としては恥ずかしい凡ミスだが、とにかくお金をかけまいと必死だったのでやむを得ない、と言うことにしておこう（笑）慌てて看板屋に相談したのだが、またも看板が予想外に高い事に驚かされた。無理だ…

私も開店準備をしながら一応店名の事は考えていた。でも、考えれば考えるほど、店の名前（屋号）など、どうでもよいのではないかと思えてきた。

街を歩いていると全く読めない書体の店名や意味のわからない店名の店を見かける。たぶん店主なりに「他と差別化したい」「目立ちたい」という願いが込められているのだろう、しかし、残念ながら、大半は記憶に残らないので、次におとずれることが少ない。それは店主が期待するほどの個性がないからだ。

本当に店名が大事になるのは、有名店（ブランド）になってからだ。

東京の方なら理解いただけると思うが、例えば和菓子の「とらや」のように。もし赤坂の「とらや」本店の横で和菓子屋を始めても成功する可能性はほとんどないだろう。どんな商品を出しても、大変な企業努力をしても、お客はやはり「とらや」を選ぶだろう。

それは伊勢丹や高島屋といったデパートでも言える。地方都市にいきなりこんなデパートができたら、お客は（伊勢丹や高島屋に行ったことがなかったとしても）躊躇なく入店できる。それがブランドの力なのだ。ブランドでない限り、いくら看板や名前に凝っても今は意味がない。そう思った。

いろいろ考えた末、思いついたのは看板無しの店をやる事だった。世の中看板だらけなのだから一軒ぐらい看板のない店があっても良いんじゃないかしら…という開き直りだ。

私の悩みはもう一つ。作れるラーメンが1種類しかないことだ（笑）これも無理をすればバリエーションを増やすことは可能だったが、商品のクオリティを落とす危険があり、なによりラーメン店未経験の私には荷が重かった。だから1種類でやるしかないと決めていた。

さらに言えば、私には資金面で、もう余力はなかった。地道にこつこつでは、長くは持ちこたえられない。

これらの厳しい条件から私が導いた答は「美味い店」を作ろうではなく、まず「話題になる店」だった。悪評でも変な噂でも何でもいい、とにかく「気になる店」を作ろうと思った。

私がない知恵をしぼって出した答が「会員制のラーメン店」なのだ。

壁は真っ黒で、窓も看板もない。ただ鍵がついた扉があるだけのファサード。

「本当にお好きな方だけお入り下さい。小窓から声をかけて頂ければドアを開けます」

と何屋ともわからない貼紙を1枚だけ貼った。ドアには暗証番号を押さなければ開かないカギをつけた。

そしてオープン前日、この日だけは誰でも入れるように鍵はかけなかった。

店内にいるのは私一人、しかもほとんど無言だった。

壁には「私語禁止」と貼紙をし、カウンターには

「本日は醤油ラーメンをお出しします。しかし、当店は会員制の為本日召し上がって頂いたラーメンに満足されたお客様のみラーメン代６００円と永久会員費として１００円（合計７００円）をお支払いください。次回から自由に入れるドアの暗証番号をお教えします。尚、納得頂けなかったお客様はお代はけっこうですからお帰り下さい」

と私の直筆で書いた紙を貼って商売を始めたのだ。

こうすれば「きっと話題になる」と私は思った。話題にもならない店ではしょうがない。たとえ悪いうわさも評判のうちだ。後はうわさがリークしていけば自然と客が来る。そう考えて

いた。

オープン初日、私は扉にカギをかけ客を待った。だが天気は雨、来客は3人。やはり商売はあまくない…。

しかし、それでも日が過つにつれ、少しずつ店の前はザワつき始めた。

その当時、江古田の街には、確か25軒くらいのラーメン店が有り、皆しのぎをけずりあっていた。そこに店名の出さない貼紙と暗証番号のカギ付き扉の店が出来たのだから客は来ても来なくてもうわさにはなる。

近所のおまわりさんまで中で何をやっているのか聞きに来た位だ。

一ヵ月程たつと色々な店で私の店が話題になっている事を隣の大家さんから聞いた。

ねらい通りである。

ここからが勝負だった。噂を聞きつけ、マスコミが取材にやってきた。私は取材には協力せず「取材拒否の店」として振る舞った。取材を拒否したのも、会員制などと唄っているのだから、やはり中身は見せない方が良いだろうと思ったからで、深い計算などなかった。

しかし、それがかえって注目を浴びる事になった。

マスコミは不思議でこちらが拒めば拒む程追っかけてくる。

だから噂がどんどん一人歩きもした。

誰それの弟子であるとか、どうでも良い話ばかりだったが。

私はこれに関しても一切返答もしなかった。

物事には、はっきりさせてしまった瞬間に人の興味を失う性質がある。

こうした結果、3ヶ月もすると店は時々行列のできるそこそこの繁盛店になることができたのである。

しかし、私はこれを自慢話にしたいわけではない。正直に白状すれば、すべては苦肉の策だ。お金があればど派手な看板も出しただろうし、100種類のラーメンを作れていれば間違いな

1999年、ラーメン屋を始めた当時の土田氏

く100種類を売りものにした店で始めていたと思う。取材拒否もあまり深く考えなかった選択のひとつが功を奏したのかもしれない。

とにかく私は手持ちのカードをなんとかして武器にしようとあがいた。

だから、周到な計画でもなかったし、うまくいく確信もなかった、残念ながら（笑）

■会員制のシステム

せっかくなので、私がやった会員制のシステムを整理して紹介しておく。誰かの役に立つかもしれないので（たぶんたたんだろうが…笑）
会員制をやる上で、いくつか案があった。
1．会員証を発行し、会員証を提示したお客（会員）だけ入店できる
2．会員登録時に合い鍵を渡す。店には鍵がかかっている
しかし、会員証も合い鍵もコストがかかる。そこで考えたのが、暗証番号つきの鍵。これな

ら錠代だけで済む。

段取りは、こんな感じだ。表から見た感じは店は看板も屋号も窓もなく、壁は真っ黒。ラーメン屋どころか、飲食店かどうかすら分からない、まさに「謎の店」。

壁に「初めてのお客さまはここをノックしてください」の指示

お客「トントン（ノック）」

小さな窓が開き、私が顔を出します。

私「はい」

お客「初めてなんですが」

私「どうぞ」

内側から鍵を開けてお客を招き入れる。

お客と会話はせず、すべての説明は壁に紙を貼った。これはヘタにラーメンのことを聞かれてもうまく答えられない事から考えた苦肉の策（笑）

会員制ラーメン店であること、会員になりたい方はラーメン代プラス入会金100円を払っ

てもらう。（登録も入会金以外の会費も不要）
入会金をもらったら暗証番号を書いた紙を渡す。今後は暗証番号を入力して来店をどうぞ。会員でないお連れの同伴も自由。こんな感じだ。そして暗証番号は、あえて誰にも覚えやすく、リークしやすい番号をと思い、「５９６３（ごくろうさん）」にした。

会員制ラーメン店について（垣東）

ここで、会員制ラーメン店のシステムについて解説しておきます。

そもそも会員制ラーメン店とは何か、簡単に言えば、「会員しか食べられないラーメン店」のことです。今はあるのか分かりませんが、バブル時代には「会員制クラブ」というのがありました。マンションの1室がクラブになっていたりするのです。こういう場所は、会員資格が厳しいほどありがたがられるもので、高い年会費が必要とか、会員の紹介がないとダメとか、いろいろ条件がついていたそうです。まあ京都の「一見さんお断り」みたいな感じでしょうか。

会員制、という言葉はとても良い響きがあります。会員になるか、会員の同伴がないと入れない場所、食べられない味。今思えば、バブルな感じもしますが、セレブの世界を感じる言葉です。

しかし、ラーメンは庶民の味、セレブとは対極の存在です。だから会員制とラーメン店は、両立できません。あるとしたら、マンガの世界の話ですね。

もう少し理屈で説明しましょう。会員制の店は原則的に会員だけがお客さま、という意味です。当然お客さまは限定される、つまり少なくなります。普通よりも少ないお客さまで商売をしていくためには、相応の客単価が必要です。だからといって、一杯一万円のラーメンは作れないし、売れません。

つまり、会員制ラーメン店を成立させる方法は、「会員制の考え方にこだわらない」ことが重要なのです。言い換えれば、**「会員制みたいな店」**を考えるわけです。

土田さんの解説で分かるように、これは会員システムとしてはザル同然です。「初めて」とさえ言えば、何度でも来店できますし、暗証番号は覚えやすいので、人にも教えやすい。明らかに初めてのお客さまだと分かっても、会員証を発行していないから確認できず、暗証番号を知っている以上会員扱いする。要するにこれは名ばかりの会員システムなのです。

これは、「会員制の店」「鍵のかかった店」の話題性、名と実で言えば「名」だけが欲しかったのです。実のところはうまく使いこなすプランも余裕もなかったようです。「話題になる」ためのアイデアでした。

個人的な意見を言えば、会員制の店というのは「飛び道具」なので、必ずしも有効な手段ではないと思います。でも、せっかくの機会なので、ここに土田さんの許可を得て、ノウハウを記しておきます。参考にしてください。

会員制の店を閉めるまで

■会員制の限界

会員制の店が軌道に乗り出した時点で、「会員制をやるのはこの一店舗限りだな」と私は考えていた。それは売上が壁にぶつかったことだけではない。新鮮な情報も必ず時間と共に古くなる……

当時の私はかなり生意気だった。（まあ今も違うと言い切れないが）

最近、当時その店に存在した接客マニュアルを見つけた、

「入店してきて客には絶対に、いらっしゃいませを言わない」

「椅子に座ったらだまってラーメンを作りだまってラーメンを出す」

「レンゲは客に使わせるな」

（これは予算の関係で購入できなかったからだ…アハハ）
「それでもください と言われたら、スープは直接丼から味わうものだと言う」
などなど無茶苦茶なものばかりだった。今見たら自分でも信じられない（笑）

入会金を払わないお客もいた。最初から入会金は売り上げだと思っていなかったし、何割かは払ってくれないことも想定済みだったが、正直面白くはなかった。

予想していた通り、エセ会員も増えた。何度も小窓から「初めてです」と声をかける人、どう見ても初めてだがドアの暗証番号を押して入ってくる人。

私はそれらの人を全て会員として入店させた。しかし、私は納得していたわけではなかった。入会金と言ってもたった100円である。それも1回限りなのだ。それでも払ってくれない人が多いことにストレスはたまっていた。私のラーメンには100円の付加価値もないのかと、凹むこともあった。

これは会員制とは無関係だが、

「納得頂けなかったお客様はお代はけっこうですからお帰り下さい」

と啖呵を切ったこともあだになった。最初の頃の話だが、なんと客の2割が料金を払わず帰っていったのだ。腹は立ったがしょうがない…書いてあるのだから。


しかし執念深い私は、払わなかった客の顔だけは絶対に忘れなかった。

その人間が次回「初めてです」と言って入ってきた段階で必ず700円を支払わせた。


こんな営業形態だから色んな客が来てトラブルも多少だがあった。

「ラーメン屋ごときが何をきどっているんだ！」とどなっていた客もいたし私もどなった。

店の外でなぐり合いのケンカもした（もう時効だからね（笑）若いっていいね〜）


ある意味良い時代だったのだろう。今のようにインターネットの情報発信が盛んだったら大騒ぎになっていたような気がする。

しかしながら会員制をやったことを私は今も間違っていなかったと思っている。会員制にこだわった私のラーメンを食べに来てくれたお客にとって、究極の演出だったと私自身は信じていたし今も信じている。実際、15年以上たった今でも、会員制でやってもらえないだろうか、という出店オファーが時々ある位くらいだから、やはり私に取っての武器だった事に違いはない。

■2軒目の店へ

私の店は、一年たらずの間に一日に150人程来店するようになっていた。しかし、これがそのままうまく行くとは思っていなかったので、次のための試行錯誤を続けていた。味を異常に濃くし一切の具材を抜いたラーメンや、麺が4球入る超盛りラーメン、など、無茶なメニューも作った。その中で、しそ風味の「塩ラーメン」や「東京味味噌ラーメン」といった商品は、まずまずの反響があり、これは現在の弊社の店でもレギュラーメニューとなっている。

思惑がはずれた部分もあった。営業を始めて気づいたのだが、大学が3つあったのはいいが、一年の半分近くは街がゴーストタウンの様に静かになる事だ、春休み、夏休み、冬休み、大学の休みは長すぎる（笑）

さらに悩ましかったのは、忙しい時間と暇な時間ができることだ。昼と夜、いわゆる食事時は行列ができても、それ以外の時間はガラガラだった。後にこれは路面店の宿命だとあきらめがついたが、なんとかならないかと私は考えた、無料や100円ラーメンなどいくつか思いついたのだが、結局デメリットが多すぎて実現しなかった。

とはいえ、客が入っても入らなくても、会員制は私が持った武器だったから後に引く事も出来ない。そこで、この店はこのまま伝説の（笑）会員制の店として終わらせ、すぐ近くに2軒目の店（2号店）を出すことを決めた。

ラーメン店を始めて1年半後に、私は2号店を出店した。

2号店は、1号店（最初の店）からわずか100メートルほどの場所。1号店が細い路地だったのと対照的に、今度は線路沿いの道路だったので、電車からも見えるような大きな看板を作り、初めて「いちや」と屋号を書いた。外から中がよく見えるオープンな店にもした。すべて1号店の逆である。

席数は1席増えて7席になった。

実はこれが成功だった。会員制ではせいぜい売れてもても月300万円に届くかどうかだったのが、2号店の売り上げは月500万円を超えた。

成功の要因は、あと半年契約が残っていた旧1号店を仕込み場所にしたことだ。仕込み場所が別にあれば、店は売ることに集中できる。1号店の時の悩みだった、忙しい時と暇な時の落差は、忙しい時間帯に効率よく売ることで解決できることがわかった。

私は、2号店を開けるとすぐに近所の別の場所に仕込み場を作り厨房を作った。そして半年後には3号店の準備も始めていた。仕込み場が出来あがった以上、近隣であればもう6店舗はこなせると思っていたからだ。

裏技の限界（垣東）

お話しのように、土田さんは「会員制ラーメン店」をやったのは最初の1軒だけ、しかもたった1年半です。

会員制、というのは、つまるところ付加価値なのです。1杯600円のラーメンに付加価値をつけることは限界があります。土田さんの話を聞いていると、会員制というインパクトにお客さんが慣れてしまうと、破天荒なメニューや限定商品など、次々と新しい演出を模索していることがわかります。言い換えれば、会員制ラーメン店という演出は、どんどん新しい付加価値を提案していかないと陳腐になってしまうものなのです。

これが「本物」の会員制ならば、相応の料金を頂き、特別な演出も可能でしょうが、ラーメンという「たくさん売ってナンボ」という商売には向いていないのです。なにしろ、たった100円の入会金すら惜しむお客さんが来るのが「ラーメン店」なのですから。

土田さんにとって「会員制」は成功への足がかりになりました。しかし、もっと僕が感心するのは、1日150人のお客が入り軌道に乗り出した店を1年半でスッパリやめてしまったことでした。正直、僕も当時は「惜しいことをしたなぁ」と思ったものですが、土田さんの決断は、的を射ていました。結果論から言えば、会員制の店で付近に「名」と「味」を広めた後、今度はそれを「入りやすい店」に変えたのです。言い方は悪いですが、土田さんは会員制の店をまさに「踏み台」にしたのです。

よく世間で言われることですが、「次の成功のために、前の成功を捨てる」これを実践できた土田さんは勇敢だと思います。なぜそんなことができたのか、それは、成功しているあいだに、現在の成功の限界を感じていたからです。さらに言えば、会員制という成功を、もっと大きな成功にするために知恵を絞り、その結果、これ以上の未来はないと見切ったのですね。

聞けば、土田さんは3号店をオープンさせるまで1度も自分の給料はとっていなかったわけですね。

「食事はラーメン。部屋にもたまに寝に帰ったがほとんどが店の客席に広げたサマーベッドで暮らしていたから金がかからなかった。その分、次に借りる不動産屋費用や工事費用に廻せた。」

ギリギリの開業資金で始めた土田さんだからこそ、次の展開のためには資金プールが不可欠だ、という部分もまた、土田さんらしい初志貫徹だと思うのです。

スクラップ＆ビルド

■出会い

話が遡るが、会員制を始めて半年ほどたったある日、私は寝坊してスープを沸騰させてしまったことがあった。店を開店させて初めての失敗だった。

そんな日の開店時間に見知らぬ一人のおっさんがやってきた。私は「今日はスープがダメだから営業しないよ」と言うと、その人は、「目黒から食べに来ました。ぜひ食べたい」と渋る私を説き伏せ、ラーメンを食べて帰った。「お金を払います」と言ったが私はラーメン代を受け取らなかった。その時は、後にこの出会いが、私のラーメン人生を変えるとは夢にも思わなかったのだが…。

そして数年後、3号店を開いた頃、あるデベロッパーから「全国の有名ラーメン店の集合施設を作る計画があるのだが、考えてもらえないか」とお誘いを受けた。

私の店は「会員制の店」でなくなってから、マスコミに紹介される機会も減っていたので「うちの店がどうして？」と担当者に聞くと、当時ラーメンを日本で一番食べているというプロデューサーの大崎裕史氏からの紹介だと。顔写真を見るとその大崎氏とは、たった一度だけスープを失敗したあの日に来たあのおっさんだった。（失礼）

あれから18年以上経過して、昨年暮れに初めて大崎氏にちゃんとあの時のお礼が言えた（私は本当にダメな人だな…。）私は基本、仕事上では特に人とむれる事をしない。だからラーメン業界の知り合いがほとんどいないし自分からは友達にもならない。だが人は一人では生きていけないし、人や物、それ以外の何かとでも、やはり出会って、時には先にも進むのだ。これが歳をとってようやく気づいた（少し遅すぎるか（笑））

■ショッピングモールという怪物

そういうご縁でショッピングモール（以下ＳＣ）に入店を決めた。これはちょっとしたカルチャーショックだった。極端に言うと、一日中客が途切れないのだ。考えてみれば一日に数万人が出入りするのだから当然なのだが、それまで私が経験してきた店とは「立地として」根本的にレベルが違うのだ。一日１０００杯以上売る日も珍しくはない。

こうなると今までのオペレーションではとうてい間に合わない。私は、発想の転換が必要だと感じた。

私が、それまでの初期投資を最小に、という方針を１８０度変えたのはこの時期だった。設備投資に資金を惜しまないことに決めたのだ。（これが前に述べた話である）

そこで、麺ゆで機も作業台も全て一つの厨房に２ヶ所ずつ設けた。４人の職人が２ヶ所、計８人が一斉に１５杯～２０杯を提供できるシステムだ。これで一時間あたり１５０杯の提供が可能になった。おかげで同じＳＣ内でのラーメン店より２.５倍近くの売り上げを出すことが可能になった。

そして、これをきっかけに私はコックコートを脱ぎ、次の仕事に取りかかった。全国のＳＣに名刺と実績（決算書）を持って営業の旅に出たのだ。

ほとんどのＳＣは相手にもしてくれなかったが、意外なことに大手の方が懐が広いのか、私の話を聞いてくれた。千葉県のＳ市にあるモールなどは、最初は３ヶ月の短期契約だが、５坪の間口で１ヵ月５００万以上売り上げれば更新を考えるとチャンスをくれた。勝負はここしかないと、スタッフ総勢で５坪の厨房をかけずりまわり、最終的には８００万円を売る店までに。

こういった成果が結果的に次の出店につながっていった。

最初のＳＣ出店からおよそ８年間、全国（台場アクアシティ、千葉ワンズモール、福岡県キャナルシティ、宇都宮ロビンソン、立川アレアレア、桑名マイカル、佐賀ワンズモール、川崎BEその他多数）に声をかけて頂き、出店を重ねた。おおむね２０席〜３０席の店舗で、出せば平均、月商１０００万円を超える売り上げになった。

ちなみにフードコート出店では１０坪の店で月に３４００万円を売り、当時ラーメン店として月坪売り上げ日本一だと表彰された事もある。

もっと大きな会社ならば、これくらい驚かない数字かもしれないが、私にとっては快挙だった。

■社会的信用なんてこんなもの

なんだか景気の良さげな話ばかり書いているが、そうばかりではない。

この当時、ひくてあまたで各地から出店依頼を受けていたが、さすがに自転車操業（といっても金は借りてはいないが…。）だけではきつく、初めて銀行に足を運んだ。

若い担当者に金を借りたい旨を話すと、決算書持って来てくれと言われ、すぐに三期分の決算書を届けた。目的は2000万円の金を借りるためだ。

すると銀行は「今まで付き合いがないからと担保になるものを用意しろ」と言う。そんなものある訳がない。するとまずは信用をつけてもらいたい。2000万円を3年で返せるか？」と問われた。利息は確か5パーセント近くで。

私が3年で返すのは利息か？元金か？と聞き返すと、若い融資担当者はアホズラで「全部です」と答える。

アホらしくて私はすぐに銀行を出た。この当時弊社レベルでも年商3億位はあったと思う。融資を受けたことのある人ならばわかるだろう。額面ではなく、返済期間が信用の無さを物語っている。

ちなみに昨年、同じ銀行が3億を年利2％、15年返済でどうか、と言ってきたが玄関先で帰ってもらった。（私、意地悪なんです。）

彼らが、いや、世の中が見る飲食業界（特にラーメン屋）などはこの程度のものだとよーく理解して頂きたい。もちろんもっと成績の良い会社なら100年でも100億でも借してくれたのだろうが…。

しかし、反面私は銀行の判断は正しかったと思っている。雨が降っているときにはカサを借さないが、晴れている時にはカサを持ってくる。それが彼らの商売なのだし、彼らはそれで飯を食っているのだから…。

前に述べたが、飲食店が１０年あり続けることは難しい、それを彼らが一番理解しているのだろう。

経営者にプライドは不要

路面店舗からのステップアップとしてＳ・Ｃへの入店を果たし、３、４店舗目に気がついた事がある。それは同じフロアで新しい店がオープンすると、その店にお客がどっと流れるという事だ。いわゆる開店景気なのだろう。言い方は悪いが、「なんであんな店が」と言いたくなるような店に追い抜かれて腹が立つこともある。やはり日本人は新しいものが好きなのだと実感した。

しかし開店景気が過ぎると、ブランディング（ブランド化）が出来ていない店は、時間が経つにつれ急速に客足（売上げ）が遠のいていく。

つまり、開店景気のバブルで流行った店は、次にできた新しい店の開店景気に客を奪われていくのだ。


これは路面店でも同じ事だと思う。近所に同じ業態の新しい店が出来れば、少なからず以前からある店は売り上げに影響を受けてしまうのだ。

「うちは大丈夫。味には自信があるから」

「お客はすぐにあきて又ウチに戻ってくる」

こんな言葉をよく町の飲食店のオヤジが言う。

そうかもしれない。

けれど、オヤジの店の味にだって飽きる可能性もあれば、新しい店の味の方を気に入ってしまう客も必ずいるはずなのだ。

飲食事業を行う大手企業の大半は、いろいろなカテゴリーのブランドをいくつも持っている。例えば、ラーメン店がメインだとして、和菓子やスイーツ、はたまた高級天ぷら店など、様々な業態を持っているのだ。彼らは、大家であるデベロッパーの意図を敏感にくみとり、必要とあれば業態を変えてみせる。そのために、いくつもの武器（ブランド）を持っているのだ。

いわゆるスクラップ&ビルド。

私の経営する会社は現在、海鮮丼をあつかう店や、炭火焼き鳥専門店、日本そばの店を含め、麺のブランドだけでも醤油専門店以外に、味噌、つけ麺、九州ラーメンや、煮干し、うどん専門店など、7つほどのブランドを持っている。

これは、いけると思っていた立地やメニューで、思いのほか売り上げがあがらない（客が来ない）場合、経営者として「別のカードを用意しておく」必要性を痛感したからだ。

プライドがないと言われればそうかも知れぬが、私は「つまらないプライドを持たないことが私のプライド」だと思って仕事をしている。商売も人生も引きぎわが大切な時もあるという事だ。

土田流スクラップ&ビルド（垣東）

土田さんの話を補足したいと思います。まず、ショッピングモール出店について。

土田さんは「ショッピングモールの商売」がそれまでの「路面店の商売」とレベルが違うことに驚いています。確かにショッピングモールは「人が集まる場所」しかも「買い物や食事をするために集まる場所」ですから、駅前の一等地よりも魅力的です。

ショッピングモールの魅力は、（施設の集客能力次第ですが）お客さんが営業時間中、ずっと途切れないことです。具体的に言えば、土田さんにとって悩みの種だった「暇な時間」が解消されたのです。

ただし、無条件で美味しい話は、この世には存在しません。まず、本当に集客力のある大型ショッピングモールは、出店すること自体が超難関です。歯抜けテナントが多いSCとはわけがちがうのです。なにしろ1日で億単位の売上がある施設です。大家である企業側から言えば、より集客力のある店に入ってもらいたいのも当然です。そして集客力が最初から期待できるのがいわゆる「ブランド」。つまりショッピングモール側は「ブランド」に出店して欲しいのです。土田さんのお店は、残念ながら「ブランド」ではありません。つまり普通の方法では、ショッピングモールに参入するのは難しいのです。

また、ショッピングモールは参入が難しいだけではありません。常に競争に晒されます。例えば、「自分としては上々」の売上だったとしても、それが施設で最下位だったら、まず契約は更新してもらえないでしょうね。もっと言えば、次のブランド店を探すまでの間として「半年の期間限定でなら」という条件を提示される場合もあります。

ここからが知恵のしぼりどころです。ここで土田さんらしいと思うのは、すべてのエネルギーを「効率」につぎ込んだことですね。

こういう言い方は語弊があるかもしれませんが、普通のラーメン店主ならば、目一杯忙しくなれば、それに流されてしまいます。効率が上がればもっと儲かる、と理屈ではわかっているものの、「現状を変える」ことにはみんな消極的です。

その点、土田さんは迷いなく効率アップに集中しています。一度に提供できる杯数を倍にする。そのために厨房の作業台とスタッフ数を倍にする。これはとても単純な解決方法です。実は、まだあります。土田さんは1杯作る時間や1時間あたり提供できる杯数について提供できる時間の目標を設定し、達成したチームや個人には昇給や報奨金で報いています。つまり、ハードとソフトの両面で効率アップのための工夫をしているのです。

これは経営者として、適切な判断だと思います。効率アップが目指すものは何か、それは「最も売れる時（時間帯）に、最もたくさん売る」ことです。これはいくつものメリットがあります。まず、売上がアップします。そんなのあたりまえじゃないか、と言われそうですが、違います。売上は数字で残り、これは営業上の武器になります。つまり土田さんは**数字を残す**ことで「ブランド」の代わりにしたのです。もうひとつ、効率アップは期間限定の出店でも有効です。「開店景気」を最大限に利用できるからです。期間限定であっても、そこで最大限の成績が残せれば、同じ店を維持するよりもメリットがあります。これもスクラップ&ビルドなのです。

今日の他業種展開も含め、状況に応じて最善の選択を模索する、ここが実に土田さんらしいと思います。

私と社会との出会い

私は少年時代本当に勉強が嫌いだった。極端に言えば野球をしに学校に通っていただけで、その野球もある事情で中学時代に続けることが出来なくなってから、いわゆる只の不良になった。

不良と言っても中学校の近くの仲間の家でタバコやシンナーを吸ったり、地元の仲間で暴走族を作り、特攻服を着てバイクで田舎の町を走り回っていた（笑）、あの時代はどこにでもいた田舎のパンチパーマをあてた（いまはかけるいというのか）ヤンキーの兄ちゃんだった。

そんな田舎の少年でも興味を持てたことがあった。それは、アルバイト。働くのが好きかと問われると元来怠け者の私は今も悩むところはある（笑）しかし結果が1ヶ月ごとに給料という形で明確にわかるところがいい。

もう高校を卒業してから３０年以上も経つが、当時でも月２０万円～３０万円はバイト代があったから自分の金で車の免許も取れた。しかもダブリ不良少年は、自分で買った車に乗って高校に通学していた。（事実です（笑）

色々なバイトをしたが、バイトのメインはパブのボーイ（ホストとはちと違う）を夕方から深夜まで、その後バーの厨房の手伝いを夜中から朝まで週に4、5日は働いた、学校は？

昼前に起きて学校に向かい、又、机の上で夢を見ていたら3年で卒業出来る処を私だけ何故か4年かかってしまった。アハハ。これを書いている私も今は４８才。オジさんになった私が今でもあの頃にしたアルバイト（しすぎでしたけれど）の経験だけは本当に良かったと思っている。

それは、高校生の分際でマンションに一人暮らしできたとか、車を買えた事ではない。どうしたら給料（時給）を上げてもらえるのだろうか？と自分なりに考えられたことだ。

大人にはよく、人の倍働けと言われたが物理的に働き続けたって一日は２４時間しかない。勉強は苦手だった少年がない頭を使って考えた。その結果、店が次に何をしようとしているのか、厨房長が何を冷蔵庫からとろうとしているか、お客の灰皿に吸ガラはないか？あれば灰皿交換の時にお変わりをたずねるチャンスがある。無意識にだが自分の存在を確認しながら働くようになった。

「気が利く」が「仕事が出来る」に変わり、「君が居ないと困る」になった頃、時給も１．５倍くらいには上がっていた。只、時給が上がる事だけでなく、自分が必要とされている事、自分の存在が認められた様でそれが嬉しかった。

これは今の私の会社でもインセンティブシステムという形で実施されている。

主任、副店長、店長、マネージャー、本部という役割の違う中で原価、売り上げ、光熱費を皆にわかるように数値化し目標数値をクリアーした者それに関わった者に配当が支給される。

昨日入店したアルバイトの人に売り上げを上げろと言っても無理な話だ。だから、役割を決

め チーム化し、自分達の出来る事をまず実行することから始めて結果につなげる。これは今でも私の経営者としての起源になっているのだと思う。

「現場はスタッフの責任。売り上げは経営者の責任」なのだから。

第三章

波乱だらけの日々

ここからは土田さんがラーメン店を始めるまでのお話、そして土田さんも人にあまり話していない病気のお話しを聞きます。土田さんの半生は、ひとことで言って「波瀾万丈」なのですが、聞いて欲しいのは、話のおもしろさではありません。むしろ何度となく他人とぶつかり、挫折を味わってきた土田さんの「不器用さ」を読み取ってもらいたいと思います。

土田さんの経営者としての成功は、むしろそれまでの失敗が生んだと思います。

そして病気の話は、経営者として、人として、いかに生きるか、考えさせてくれます。(垣東)

失敗と挫折

■『父親』

私の生い立ちについて振り返ってみると、当時は至ってどこにでもある普通の境遇だったはずだと思っていたのだが、人と違っているとすれば、やはり厳しすぎた父親の存在であった様に思う。

父は厳格とは又違う、本当に感情のまま本能だけで生きている様な人だった。母親をなぐる姿などは日常と言ってもオーバーではないくらい普通だったし、自分が気に入らなければ近所の人であろうが親戚であろうが感情ムキ出しで暴れていた様な記憶がある。

ある時など家族で出かけた時、父親が急に車を止め後ろの車の若者を引きずり降ろし、免許証を取り上げ戻ってきた事がある。少年だった私はその時恐ろしくて静まり返った車の中で何故父親がそんな事をしたのかも聞けなかった。後日、母に問うと自分の車を追い越して行っ

たのが父には気に入らなかったらしい…。（これ実話です）

野球が好きな父が応援する関西の球団が負けたからと言ってきげんが悪くなり、「お前の教育が悪い！」と母親をけり私達兄弟は数メートル先にふっとぶ程の力でなぐられたりもした。そんな日々が日常だった。

だから中学に入る位まで、私達は父親に敬語を使い、いつも父親の顔色を窺っていた。少年野球でレギュラーを外された時の夜、なぐられはしなかったものの一時間以上正座をさせられ、「情けない」と一言いわれた事が今でも夢に見るほど、少年にはショックな言葉だった。

そんな環境だったから欲しい物など与えられる訳はなく、小学生の時には新聞配達をして野球道具の費用にあてた。それでも足りない分は母や祖母が父には内緒でそっと応援してくれたりもした。

いつの時代の話だ？と思われるかもしれないが私は昭和４２年生まれだから、３０〜３５年前の話である。

父は田舎の中でも、さらに極端に住む人が少ない環境で育った。だからコミュニケーション能力に欠落があったのかもしれない。

中学、高校と成長するのに従って、父の暴力に怯えることはなくなったが、それよりも父親とかかわりを持つ事にひどく拒否反応があり、長い間ほとんど会話すらしなかった。

父は十年以上前に脳梗塞を患い、今は母の言う事を素直に聞くおとなしい人間になったが、そんな姿を見ても、情けない話だが私の中には未だ昔の感情がどこかに残っている。


こんな少年期を過ごしたせいで？私は昔から人に頼る事が苦手だった。何事につけ、人に相談せず、自分で決めてしまうことが習性になった。うまく説明できないのだが、父に自分という存在を認めてもらえなかったゆえに、自力で自分を認める方法を追い求めた結果だと思っている。まあ、人は環境こそ違えど、全てを守られ、準備されている人など皆無に等しい（たまにいるが）から私だけが特別ではあるまい。

自分で決めてしまうのは、今でも変わらない。もちろんそれが正しいことだと思っているわけではないが、良い面もある。人に相談しない分、セオリーを知るすべもないので、常識に囚われないことだ。自分で作ったルールブックなら自分なりにルールをどんどん変更していけばよいのだから。

▩『偶然』

私に限らず、人生とは偶然の連続だと思う。多くの場合、成功も失敗も偶然の要素なしでは語れない。そして私の偶然は、いつも選択から始まり必然で終わっている気がする。

不良少年にとって、世間の狭い田舎町は居辛い場所だった。私は20歳の時、自分の居場所を探して、アメリカで2年近くの放浪をした結果、なぜか東京に辿り着いた。

もちろん東京にあてなど何もない。しかし、先など何も見えない暮らしの中で、一つの偶然(幸運?)に出会った。

当時、芝浦にあったディスコ(今はクラブですね(笑))で知り合った人が芸能事務所社長で、私を面白いヤツだと思ってくれたのか、俳優の勉強をしてみないかと誘ってくれたのだ。役者として自分を表現できる、自分が何かを作りあげる、自分の存在価値を確かめたくてもがいていた私にとって嘘のようなチャンスだと思った。

私は何の躊躇もなくその人の話を聞き信じ、数週間後には俳優の田中健氏の付き人になっていた。健さんには、それ以来、本当に御世話になった。いや、お世話をかけた。

健さんは、40年近く芸能生活をおくり、40年の時間の中で何十人もの付き人が俳優を目指して修業をしてきたらしい。私はその中で、一番短く(8か月くらいか?)出来の悪い付き人だった。たまたま、ある映画のオーディションが行われ、なんとその主演に合格した事で、私は勝手に付き人を辞めてしまったのだ。

その背景には所属する事務所の働きかけや、健さんの後押しが私を主演に決めた事を知らず、私は一人前の俳優気取りで仕事を始めたのだ。

それも5年ほどの間、田中健さんはただだまって見ていてくれた。

1990年、役者を始めた頃の土田氏

いきなりの主役は、私を天狗にした。現場に遅刻をし、先輩俳優やスタッフとも幾度となくモメ、問題を起こした。当然の結果、主演から少しずつ役柄が小さくなり、気がつくと仕事がエキストラ同然の端役になっていった。

貧すれば鈍すで、その頃の私は、「何かを作り上げる事が自分の存在を確認する」という本来の目的も忘れ、只、お金にさえなれば何でもいいとまで思っていた。

だから朝まで遊んでいる事が大事で、撮影現場に遅刻しようが、飛行機に乗り遅れようが、怖くも何とも無かった。（ヤバいね）

しかし、芸能界は縦社会である。私は仕事がなくなり、金をなくして初めて自分がしてきた時間を悔やんだ。

余談かも知れぬが、当時そんな私を拾ってくれたのが女優の加賀まりこさんで、私の役者人生最後の「ハムレット」を一年間一緒に共演させて頂いた。演出は蜷川幸雄氏、主演は真田広之氏、松たか子さんと錚々たる顔ぶれの舞台だった。

これが最後のチャンスかもと挑んだ仕事は、世界の蜷川幸雄を激怒させ、一年間の公演の中で決まった役から外され、最後に演じていたのは、劇中に出てくる馬の前足だった。（アハハ）

1年間の契約が終わると、役者としての仕事は何もなかった。それでもまだ、その当時はバカなプロデューサーに選ばれなくったって、自分には才能があると信じていたし。生活さえ出来ていればチャンスは又来るとも思っていた。信用は一瞬で無くなる事も気付かず開き直りだけは早かった（今もか）

今だから話せるが、正直なところ、私は最初の店を出した時、自分はラーメン屋だという意識など全くなく、生業にしようと思っていた訳でもなかった。ダメなら辞めればいいし、また別の事をやればいいと思っていた。

店を出した理由は、自分のバイト先を自分で作ってしまえば、人に使われることもないし、生活の保障もできるし、時間も自由がきく、だからやりたい役（仕事）だけを自分で選べる、そう思ったからだ。しかし、問題ばかり起こしてきた役者に役どころか仕事のオファーなど一本も入らなかった。

それでは何故ラーメン屋で生きて行こうと決めたのか…。

「たまたまうまくいったからです」

カッコ悪いかもしれぬが、これが本音だ。成功したから本気でやったのか?と問われれば、「そうかもしれない。」と言わざるを得ない。

世の中にはどんなに努力しても頑張っても上手く行かない事があって、それまでの人生は、どちらかというとそちらの方が多かった。

そこで私は考える。私にとって役者稼業は失敗で、ラーメン屋は（そこそこの）成功だった。でも、それは必然ではなく、偶然の産物ではないのか。

今も人に胸を張って生きているとは思っていないが、人生にはすべての偶然から生まれるキセキ（大なり小なり）が起こる事を身をもって教えられた気がする。

廻りの大人達が考える事が全く理解出来ず恩をアダで返す様な役者人生だったが、今の私には、あの時の時間が無かったら私は一体どんな人生を歩いているのか考える事がある。

そして今も、私は役者を辞めるともラーメン屋になるとも決められないまま生きているような気がする。

私は自分のやってきたことが決して武勇伝でないことを知っている。

こんな経営者のアドバイスに大した価値がないことも、今これを書いている私が一番分かっているつもりだ。

でもあえて、言いたい。人生とはそんなものだとも思う。大事なことは、自分に出来る事をやることだ。人がやって上手く行った事イコール自分がやって上手く行くわけではないし、その逆もある。私の場合、役者としてのチャンスをつかみ取ろうともがいて失敗し、なりゆきで始めたラーメン屋が今の自分を支えてくれている。だから高い志なんかいらない。それよりも偶然を受け入れ、状況に流されながらでも、自分のできることをする、これが私ができるアドバイスなのだ。

人生の岐路

今から6年前のことだ。もともと記憶力の悪い私だが、どうも人との約束など、記憶の勘違いが多くなり、さらに軽いめまいや短い頭痛を感じるようになった。それで人間ドッグのついでに頭の中を見てもらった事が私の人生を大きく変える事になる。

検査後、自宅近くの総合病院脳神経科から、すぐに伝えたい事があるまでの連絡を受け、三田にあるJ医大病院に紹介状を書くので至急再検査を受ける事を勧められた。

たまたま遊び仲間の中に脳神経外科医の菅原道仁がいた事を思い出し、そのデーターを彼に見てくれる様に頼んでみた。

酒場ではよっぱらいの姿しか見たことのない彼が、まじめな顔でカルテを見ている顔がおかしかったのを覚えている。（ヤブ医者がまじめに見てるよ、アハハ）

彼の答えも「すぐにJ医大に行こう、M先生なら電話で連絡できるから」とまじめに私を見る（本当に医者みたいだな……）

「少しだけ考えさせてほしい」と翌日に連絡を入れる約束をし、彼の病院を出た。

病名は『未破裂脳動脈瘤』と言う事だった。

私が聞いた事のない病名を彼が説明してくれた事で、ようやく自分の頭の中で何かが起きようとしていることを理解した。

要は、頭の中の血管にコブが出来ている。コブのせいで血管の表皮が伸び、伸びた分表皮の厚みが薄くなり、破れそうになっているらしい。破裂を起こせば病名は『くも膜下出血』に変わる。

脳動脈瘤の場合、それが「どこ」にできているかで状況は変わる。私の場合は左目の後あたり、頭の中心に近い場所で、しかも大きさが、「6㎜」以上になっているらしい。開頭手術も困難とか。頭が悪い私なりにも深刻さが理解できた。

「いつ破裂するの?」

「それは今日かもしれないし……」

「んじゃ何㎜まで大きくなれば破裂するの?」

「1㎜で破裂する人もいるし、しない人も…」(やっぱヤブだな、こいつ)

全国から彼を信頼して手術を依頼する患者たちが大勢いる。その彼がJ医大のM先生なら手術が出来るかもしれないと静かに言った。

私はこの時、病気のことを妻に打ち明けなかった。長女の出産を終えたばかりだったからだ。

手術は、血管からコイルという柔らかい針金のようなものを入れ、瘤を埋めてしまう「コイル塞栓術」という方法で行われることになった。ただし、私の場合、手術する事そのものが瘤を破裂させてしまう危険性があるという。もし破裂を起こした場合、出血を止める方法がなく、死亡率50％だとM医師から告げられていたからである。

自宅近くの総合病院の連絡から1週間がたった日、私は妻にM先生の言葉を告げた。

菅原氏の配慮でM先生は手術が他に入らない翌週を私の手術日にあてて下さり、すぐに入院が決まった。

小さな娘の手と妻の細い指をながめながら、色々な事を考えていた。

手術の開始予定時間は早朝7時半だったのだが、私はパニックを起こし禁じられていた水を飲んだ事で1時間遅れての手術になった。

それから12時間後ピ、ピ、ピ、という安定的なアラーム音の鳴る殺伐とした無機質なＩＣ

U室の中で、私は目が覚めた。

予定より6時間以上長い9時間以上の手術は夕方過ぎに終わったらしい。

特別な感情はなかったが「産まれて、生きて、死ぬ事」とはこんな感じなのかなもと、ぼんやりと考えていたらまた眠ってしまった。

数日後、M医師から手術の説明を受け私の頭の中にコイルを含め4つの金具が入れられた事を聞いた。

思った以上に困難な手術で、しかも完全ではないと言われた。10時間近くかかって塞栓（埋められた）できたのは、全体の約60%であり、脳動脈瘤そのものは残っていること、しかし、これ以上時間をかける事は私の体力的に無理だと決断し、手術を終えた事を聞かされた。つまり、私は残りの「一生」という時間をこの時限爆弾と共有しながら暮らすことが決まったのだ。

私はこの日からほぼ1年間、会社に行かなかった。運営はスタッフにまかせ、私は療養に専念する、ということで家族と数人の近親者以外とは会う事をさけ、東京を離れた。

手術の後遺症で髪の半分は抜け落ちた。術後あきらかに自分でも理解の出来ない心身の変化があり、私は、何かを考える事も、何かをしようとする事も出来ない状態だった。それが他人に理解できない事にイラだち、妻にひどくどなりちらしながらリハビリの生活を続けた。

1年後、東京に戻っては来たものの、人と会う事に必要以上の恐怖を抱き、社会から完全に断絶したような生活が更に1年近く続いた。

M先生から紹介を受けたJ医大の関連の病院で4日間程の検査を受け、重度の『パニック障害』との診断をされた。

「脳波を調べても何の異常もないのだが、おそらく、頭の中を触った事がきっかけになり、なんらかの感情のスイッチが変わった可能性があるのでしょう。」

担当医のK先生は私にわかりやすく説明して下さった。

今でも月に一度程度の外来及び検査に行っているが、今現在も完治はしていない。実際に今年（2015年）に入ってからも社内を含め色々な場所で突然の発作は起きている。

が、しかし良い事もあった。

術後、後遺症で著しく記憶力が低下した。のだが、そのぶん嫌なことを忘れる傾向にある。（ス

タッフたちも時々びっくりした顔をする）

さらに、辛い事、嫌な事を考えると発作が出やすい事も分かってきた。そのおかげで、あまり物事を深く考えないことが習慣になった。（もともと、あまり考えれないのだが、アハハ）ネガティブな事が減り（現実はわからんが）いつも楽しくいられるようになったのだ。

まさか自分だけは大丈夫と思っていた事が現実に起こると人間は何も出来なくなるという事を痛感している。

只、私のような生き方をしてきた者にとっては、この大きな病気があった事を色んな意味で感謝せねばと思っている。

ここで土田さんのブログを紹介したい。土田さんのものの見方、価値観が伝わる面白い話がいっぱいなのだが、紙面の都合上、今回は3本だけ紹介したい。（垣東）

土田さんのブログ その1

2007年○月○日

10時過ぎに帰宅して録画しておいたビデオを観る。有明コロシアムにて行われたWBC世界フライ級タイトルマッチ。

苦節13年、33歳にして世界チャンピオンになったボクサーと、ボクシングK3兄弟として有名になった次男のT、18歳にして、しかもプロでの試合経験が10戦前後、世界ランキング14位でチャンピオンに挑戦する若者との試合だ。

しかし試合前の評論家達の予想は大方チャンピオンだったのが意外な気がした。

評論家達の殆どの人はボクシングの経験者であり元チャンピオンだったりする筈だから３３歳のボクサーがボクサーとしてのピークの時期を越えている事は解っているはずだ。

１８歳の若きボクサーＴは日本人との公式な試合をしておらず、その部分を経験不足とビッグマウスをかなり叩かれてはいたが、彼が放つ左フックや相手のパンチ打ち終わりに繰り出すジャブの無い重いストレートとコンビネーションが後半にでも３３歳の身体に入れば試合は解らないと思った。

ルール上試合はチャンピオンの圧勝だったが、私には殆どクリーンなパンチをお互いに入れる事の出来ない互角の試合に見えた。

もちろんチャンピオンのトリッキーなボクシングスタイルに対して己の力だけで一撃を狙うがゆえ苛立ち単調なボクシングになったＴの経験不足は否めない。アナウンサーが「反則」を連呼している。

ダッキング時に相手への頭突き、クリンチの際のサミング、太股へのパンチ。反則かもしれないが私が知る限りでは強いボクサーは皆その技術を持っている。

現にこの試合で偶然にしろチャンピオンも何回かTの後頭部を殴打している。最終ラウンドでTはチャンピオンを担ぎ上げ投げ飛ばした。クリンチをしながら首を掴み押し倒しもした。

Tの世界への挑戦はすでにこのラウンドで終わっていた。もはやボクシングではなかったが、私はこの最終ラウンドの彼の戦いかたに興味を持った。

11Rまでは常に前傾姿勢でガードを下げなかったボクシングスタイルはトレーナーでありセコンドに付いていた父親のこれまでの教育や指示だったのだろう。今の世の中で18歳になる少年があれほど従順に父親を信じ尊敬し、父親が喜ぶ為なら自分をも犠牲にする若者の姿が私には少し痛々しく見えていた。

嫌な言い方をすればファザコンであろうし、世の18歳よりも遥かに視野の狭い世界で生きてきたのだろう。しかし彼は12Rのゴングが鳴ると同時にそれを止めた。もうそんな事はどうでも良かったのだろう。父の為とかベルトとかでは無く、只目の前にいる相手に苛立ち、自分に苛立ち相手を投げ飛ばした。

ボクシングを少しだけかじった事のあるものとして、殴り合いだけならばどちらが勝ったかは解らないのではと思っている。

もちろんスポーツである以上、世の中と同じ様にルールが設けられ彼はそのボクシングに負けた。

この試合で18歳の若いボクサーTが負けたのは彼にとって良い事だった様に思える。

彼はきっとこの先のボクシング人生で歴史に名を残すような選手になるだろうし、彼の父親が教えていなかった自分の放つパンチや言葉の威力が自分を含め人を傷つけてしまう事がある事を知ったはずだから。

土田さんのブログ その2

２００８年○月○日

数日前、日本代表とチリ代表の国際親善サッカーの試合がテレビ中継されていた。

私は申し訳ないほどサッカーになんの興味も無い。

商売柄スポーツの試合が行われる事が、一番売上に響く事もあり、（皆が外に出ないのでしょうね）大きなスポーツの催しが行われる際には週に1度行われる社内ミーティングで必ず議題に上るので情報としては知っている・・程度である。

試合が行われた日の夜、珍しく自宅にてサッカーの試合が始まる時間帯にテレビを見ていた。

ならば愛国精神で皆が熱く燃える（古いか）サッカーを愛国精神の無い非国民の私だが見てみようかと思った。

開会式なのか、試合前の儀式なのか選手達の入場前のシーンが映し出され子供達と手を繋ぐ選手達を見て疑問を感じた。

小さなサッカーのユニホームを着た少年達が憧れ？の選手達と手を繋げる事はファンサービスなのか、それがサッカーの儀式なのかである。

どちらにしても、日本人選手の誰一人として少年達と口を聞いている選手がいない。チリの選手は日本の子供達だから言葉の問題があるにせよ、日本の選手達が子供と手を繋ぎ入場する姿に違和感を感じた。

もしかしたら映像で映し出された控え室の様な場所での数秒間だけ、偶然口を聞いていなかったのかも知れないのだが……

入場が終わり選手がピッチに一列になり、各国の国歌を斉唱し始める。

もちろん選手の前には一緒に手を繋ぎ入場してきた小さな少年達も並んだままである。

ん？選手達は両国ともユニホームの上にグランドコートの様なロングコートを羽織っている。

少年達は半袖半ズボンのユニホーム姿。

選手達は今から行われる試合で身体を冷やしてはいけないのだろうか？が、今から試合を行うのにまさかコートを着たままピッチを走り回る訳でもあるまいに…

この日の東京国立競技場は気温が5度。体感温度はもう少し寒いかも知れない。

昼間にゴルフをしていた私は気温7度の中でズボン下を2枚穿いていても腰痛が悪化するのではと思う位寒さを感じていた。

一緒にテレビを見ていた死神博士（註：友人のあだ名）が、「子供は風の子だから」と言う。

それも一理あるかもとは思ったが、寒いものは風の子だって寒い筈だし、毎日鍛えぬいたプロのスポーツ選手が身体を温めているのに、小さな子供達が寒くない訳がないと思った。

全国のサッカーファンの前で私達はこんなにも子供達に愛情を持ってスポーツをしていますよという偽善の儀式の様に見えてしょうがない。

私の考え過ぎかも知れないし、私という乏しい人間性の嫌な癖かも知れないが、国歌を斉唱している映像を見て、この国の選手達は勝負にはまだまだ勝つ事が出来ない気がした。


チリの選手の数人は自分達の国歌が流れる中、自分のコートの前を開け震える子供を包むように暖める者や、子供の身体を笑顔で擦る者の姿があった。

対して日本の国歌が流れ始めると日本人の選手達は鬼の様な形相で皆が戦闘態勢の表情をして国歌を斉唱している。

残念だが日本選手の誰一人として自分の目の前で寒そうにしている子供達を気遣える者がいなかった。

ＦＩＦＡが発表している国際ランキングでは確か日本が３４位、チリが４５位とアナウンサーが格下の相手を強調していたが、一体何の格が上なのだろうかと思ってしまった。


試合が始まる直前、選手達が一斉に着ていたコートを脱ぎ捨てて走り出した。

走り出した日本選手達のユニホームが長袖だった。

ちゃんと解っているのじゃないか・・君達が寒いものは子供達だって寒いって事を。子供達に着せたサッカーのユニホームの象徴が半袖半ズボンならば、選手も入場時から半袖半ズボンでやるべきだし、子供達をマスコット的に使うのなら、せめて選手達と同じグランドコートを着させるべきではないのだろうか・・。

こんな事をいちいち書いている私が可笑しいのかも知れないけれど、大人達が作り出す事の大半が矛盾だらけの気がしてならない。


うたた寝をして目が覚めた時には試合が終わっていた。

試合は同点だったらしい・・。

日本選手の悔しそうな顔とは対照的に笑顔のチリ選手を見て何故だかホッとさせられた。

土田さんのブログ その3

２００８年○月○日

午後より、本部のＳ君と池袋にて打ち合わせを終え、Ｕ社長の会社に伺う。先日沢山のイクラを自宅に送って頂いたお礼と打ち合わせを兼ね、年末の挨拶をしてＵ社長の会社を出た。

係員が誘導してくれるＭホテルの駐車場で、車の出庫を告げると何やら機械の故障で少し時間がかかるとの説明があった。

会社に戻るだけなのだから、慌てなくてもいいかとホテルのロビーにあるカフェに入りソファに腰掛けコーヒーを頼む。

暫くすると、隣のテーブル席に私と同じか少し若い位のスーツを着た男と中学生位の少女が私の目の前を通り過ぎてテーブルについた。私は少女がもう少し年が上かとも思ったのだが私はこの位の、特に少女の年齢が解らない。

「パパ、今日はお泊り出来るよね」

「・・そうだな。今夜は泊まっていいよ。明日朝5時には出なきゃだけどね」

人の会話を盗み聞くことは下品な事だと解っている。

が、愚昧な私は、このやり取りを聞いて2人の関係が酷く気になり始めた。さりげなく辺りを見回す振りをして少女を見直して見る。やはり子供だ・・。なら当たり前だが男と女の関係ではあるまい。

2人はオレンジジュースを注文し、ウェイトレスが離れて行くと
「サンタは一体何処から入って来るの」少女がその男に訪ねた。


少女の年が何歳なのかは解らないがこの会話を聞いて、最初は中学生くらいかと思った私の予測が外れているのだと思った。

長い黒髪と大人びた少し大きめのイヤリングをしているが、きっとまだ小学生位なのだろう。

まさか中学生になってサンタクロースを信じてはいまい。

もしかしたら信じている子供もいるかも知れないが、今の、特にこの東京にはいるとは思えない。

私は少女の質問に男が何と答えるのだろうかと興味を持った。

男は困ったような顔で「何処から入ってくるのだろうね・・玄関かな」と苦笑いをしている。

「ママも来れば良かったのにね」

少女の声が聞こえなかったのか、男は下を向いたまま水の入ったグラスを廻している。

少女がパパと呼ぶ男は多分彼女の父親なのだろう。

男は自分の仕事の話や普段の生活をゆっくりだが大人に話すような口調で少女に説明をしている。

男の話を真っすぐな眼差しで少女は聞いている。

きっと少女と男は一緒には生活をしていないのだろう。
男は一人単身赴任にでも出ているのだろうか。
この後、母親が現れるのだろうか・・
もしかすると2人の会話の中に出てくる「ママ」は、男とはもう夫婦では無いのかも知れないないなと思った。

ウェイトレスが運んできたオレンジジュースを2人のテーブルに置く。

少女は小さく頭を下げ恥ずかしそうにだがウェイトレスに向かって「ありがとうございます」と礼を言った。

たとえこの男と少女が一緒に生活が出来ていなかったとしても、少女はきちんとした誰かに躾けられてきたのだろう。

ならば、どんな形であれ、男は父親としての役目を果たしている事になるのだろうと思う。

この少女は今夜、サンタクロースとお泊りする事を知っているのかもしれない。

第四章

私の経営論

最終章として、土田さんの経営論、経営術について聞きました。土田さんの話は、自分の事業にとどまらず、異業種の立て直し論、他の経営者からもらったヒント、さらにはゴルフを引き合いにした経営論など、縦横無尽です。（垣東）

私の人材活用術

病気の経験で、一つうれしかったことがある。ほぼまる2年間、会社を放置していたにもかかわらず、大過なく過ごせたことだ。これがもっと組織のしっかりした企業ならば驚くことではないのかもしれぬが、私の場合、組織作りのノウハウもないし、そういうヘッドハントをしたわけでもない。その時には決裁権を与えたナンバー2もいない。経営判断は、何事につけ私がする、いわば「ワンマン社長」だった。私という船長が不在になれば、どこに漂流するか、悪くすれば沈没する危険もあった。そんな私が2年も会社を放置したのは、それ以外に方法がなかったからだ。

ところが会社は無事だった。そこで、私とスタッフの付き合い方が、もしかすると読者の役に立つかもしれぬと考え、紹介しておく。

私がスタッフに対していつも意識しているのは、「信じないこと」だ。私が自分を信用できないのだから、スタッフを安易に信用しない。

特に信用できないのは「自己申告」だ。自分に置き換えて考えれば、自己申告が正確なはずがない。これは個人の資質の問題ではない。たとえ几帳面で真面目な人間であっても、ズルを考えず正確な報告を目指したとしても、やはり自己申告は間違いを犯しやすいものなのだ。

だから私は、必ず複数の人間で確認してから報告させる。それでも納得がいかなければ、自分の目で確かめる。

自己申告と同じように、私は個人の意見を信用しない。必ず合議制を取り、その結論をスタッフの意見として取り入れる。例えば「あるショッピングモールから誘いがあったが、出店するか否か」という案件があれば、かならずスタッフに相談をしてみる。相談する相手はもちろん幹部だが、上下関係があっても、皆に平等な立場で発言させる。議論が一方的にならないように、反対意見は積極的に出させる、そして必ず結論を出して報告してもらうのだ。

じゃあ、私はその結論を受け入れるかというと、それは別だ。私は、その結論と向かい合って、私の「決断」を下す。スタッフの「結論」と私の「決断」は同じ場合もあり、違う場合もある。

あえて言うが、スタッフの結論を経営者は鵜呑みにしてはいけないと思う。なぜならスタッフに経営の責任は負えないからだ。失敗したら責任は経営者にある。だから経営者は自分の責任で決断をしなくてはならないのだ。だから、

「結論は皆で出す、決断は一人でやる」

私は、結構頻繁にスタッフの配置転換を行っている。例えばA店とB、C、D店の店長をバラバラに入れ替える。弊社の場合、複数の業態があり、店ごとにメニュー構成やオペレーションが違うから、みんな最初は戸惑う。一見効率が悪そうに見えるが、私はこれが効率を良くする方法だと思っている。

同じ仕事を続けていれば、効率は良くなるが、マイナスの要素も増えていくのだ。例えばAという店長が何年も同じ店を担当していた場合、本部を含め、他のスタッフは、Aよりもその店のことを知らない、わかっていない、と言うことになり、Aをチェックする能力がなくなってしまうのが怖いのだ。やはり複数の人間がいろんな方法を試した方が、効率は上がる。また、

人間は飽きっぽいものだ。(私がそうだ)同じ仕事は退屈だし、緊張感や集中力は維持できない。

私は、和気あいあいの職場が決して良い職場だと思わない。それよりも緊張感を失わないことの方が結果として企業を守り、従業員を守ることにつながると思っている。

私は「来るものは拒まず、去る者は追わず」である。会社を辞める権利は誰にでも平等にある。だから私は私のやり方でやるし、それを受け入れるかどうかはスタッフが決めることだと思っている。

そんな私だが、従業員に対して、たったひとつ、絶対の約束をしている。それは「給料を下げないこと」。降格になっても、事故を起こしても、給料だけは下げない。そしてもし、経営が苦しくなったとしても、給料を下げるのは最後の手段だと思っている。最近はオプションとかなんとか、基本給と別枠にすることで、給料が変動する会社も多いようだが、給料を受け取る側に取ってみれば、一度上がった給料が下がるのは辛いはずだ。

私はシビアな経営者だと自覚しているが、従業員の生活を守る、という一点について、情のない経営者でありたいとは思わない。言い換えれば、スタッフに対し、他に信用してくれなくてかまわないが、この約束だけは信じて大丈夫だよ、と言いたいのだ。

常識を捨てる

10年ほど前、池袋に炭火の焼き鳥を中心とする居酒屋をオープンさせた。

肉屋との付き合いで、多少精肉に対しても目利きが出来る様になった事で、スープに使用していた鳥を今度は焼き鳥にし、酒類も提供している。

弊社の200人近いスタッフの中にはイタリアンを始め、寿司、中華、フレンチ、はたまたパティシエまでの経験者がいる。この人材を活用したいと思い、昼は「ひるだけ屋」と言うスタッフ達が企画する、3ヶ月ごとにがらりと商品が変わる店、夜は「いっぱち」と言う炭火焼鳥居酒屋になる二毛作の店を始めた。

最初は、「昼と夜で全く違う店」という奇抜さもあり、売上も順調だったのだが、10年もやっていると廻りの環境も変化し、安さを売りにする大手居酒屋店など、強力なライバルがどんどん近所に増えた。何か新しいアイデアで巻き返そうと、今頭をひねっている最中である。

何度も言うが、商売をやっていると、「常識を捨てる」ことの重要さを、改めて痛感させられる。

ある時、カキ（牡蠣）を売る居酒屋チェーン？のN社長と会食をした時の話だ。

N社長の経営する店は生カキの食べ放題を売り物に急成長している。店舗も50〜80席とかなり大きな店舗なのだが、いつも満員だという。

カキという素材に目をつけた発想や、仕入れルート開拓の斬新さなど、いろいろ感心もしたが、私が気になったのは人件費だ。そんな大きな店なら、さぞ人件費がかさむだろうと聞いてみたら、なんと営業中のホールスタッフは一人、ないし二人程度で廻しているというのだ。

驚いた私が「どうやって？」と訊ねると、答えは「酒持ち込みOK」のシステムがあるからだという。つまりカキはセルフサービス、ドリンクもセルフサービスというわけである。私も居酒屋を経営しているからわかるが、居酒屋の利益はドリンク代に支えられている。「それでは儲けが出ないのでは？」と私が問うと

「ビールおかわり！」「ハイボールおかわり！」の為にスタッフを各席近くに配置させる事よりも、客が自分達で酒を持ち込んで飲んでいる方が、ずっと効率がよいという事なのだ。しかも持ち込み料として一人500円程度（確か）もらっている。これは店としてはテーブルチャージのような元手のいらない利益だ。そのかわり、水、氷、ジョッキは惜しまずどんどんタダで提供する。さらに持ち込んだドリンクは余ったら店でキープまでしてくれる。これはリピーターにもつながる。

もちろんこれには「カキ」の絶対的な商品力があっての事なのだが、常識で考えていたならば絶対に出てこない発想である。私もまだまだ常識を捨て切れていないと反省した。

またある時、近所に住む美容室のオーナーが相談があると言ってきた。ラーメン屋の私に何の相談だろうか？話を聞くと店の経営が思ったほどうまく行っていないらしい。しかし話を聞

けば聞くほどおどろく事だらけ。
まずは人件費の安さである。インターンと言うらしいが、ちゃんと髪の毛を切る免許を持っている人間に、低賃金で毎日毎日シャンプーやドライヤー係をやらせているらしい。
まあ彼らを育てなければ客も増やせないらしいが、驚くべき制度だと思った。
さらにカットやパーマにかかるコスト（材料費など）が売値（カット代金やパーマ代）から見たらわずかな額なことにも驚いた。（全国の美容室さんごめんなさい）
要するに、原価率や人件費率が恐ろしく低いのだ。飲食をやっている我々からしたらほとんど儲けしかないように見える。（うらやましい）
にもかかわらず、経営は苦しいらしい。これは彼の店に限ったことではないそうだ。一部のカリスマ美容師の店を除けば、業界全体が不景気らしい。それだけではない。インターン達は営業終了後、自主的に人形を使ってカットの練習を毎日深夜までやっている。それがきつくて若者達が去っていくのも現実らしい。その光熱費もバカにならないのだと彼はこぼすのである。
とにかく私はその店を訪ねてみたのだが、そこで気付いた。予約は午後からが多い。つまり午前中は開店休業状態なのだ。経営が苦しいのは、客のいない時間が多いからだと理解した。

午前中は?と聞くとインターン達がチラ紙を配りに外に出ているという。

私は彼に「これは素人の意見だが」と断った上で、提案してみた。午前中に予約を埋めたらどうかと。彼は不思議そうに「どうやってですか?」と訊ねた。

私の提案は、「タダで髪を切ってあげれば」彼は驚いた「タダで?」

例えば65歳以上限定で一日3組をタダ。その変わりカットをするのはインターン。完全予約制。彼は不審そうに聞く。「何のメリットが?」


私はメリットだけだと思う、タダで切ってもらった人は嬉しい。

本当の人間の頭を練習台に出来るインターンも嬉しい。

インターンには営業が終わればすぐに帰れるから嬉しい。


65歳の人の中で家族がいる割合はどれくらいだろうか?

その家族の何割かは店に来てくれるのではないか。

少なくともチラ紙なんかまいているよりよほど宣伝効果があると思う。

もっと飛躍すれば小学校入学前の子供もタダ。

これには必ず親が同伴になる。一日3組、月25日として75人、年間なら900人だ。この子供達のお母さんのうち、仮に10%がお客になってくれたら80人客が増えるのである。素人考えだから机上の空論かもしれぬが、私ならやってみる。常識を捨てた何でもあり作戦だ。

彼は、それからしばらくして、私の提案を江古田の「カーニバル」という店で実践し始めている。

こういう提案をする時、相手は聞く。「でもダメだったら?」よく言われる言葉である。

自分の置かれている環境を変える事が怖いなら、明るい未来はない。

そもそも人生は選択の連続で、人間はほとんど無意識ながら、選択をしているのだ。だから「環境を変えない」と言ってみても、本当は不可能なのだし、己が変えなくても周りの時間は常に動いている。どうせ選択するなら、自分の意志で、覚悟を決めて行うべきだ。

選択とはビルの屋上で誰かに背中を押される事ではない。一段ずつ階段をのぼる為に自分の足を一歩前に出してみることなのだから。

信じないのススメ

私は若い成功者と酒場で出会う事がある。

何百億という金額を稼いでいるのだから、仕事もできるし女性にもモテるのだろうな。（くやしい）オシャレに六本木あたりに住んでいるんだろうな。（うらやましい）

しかし、そんな彼らがしばらく顔を見ないと思うと会社が乗っ取られただの、倒産しただの、ぶっそうな話を聞く事がある。

何が彼らに起きたのか、詳しい事情は知らないが、漏れ聞くところによると、役員に裏切られたとか、投資してくれていた大株主が手を引いたとかいう話だ。

そこで思うのだが、これは縦の人間関係に失敗したからではないだろうか？ 縦というのは、つまり上下関係のことだ。暴論かもしれぬが、私は消えていった彼らが、どこか権力をしっかり握っていなかったからだと考えてしまう。

今どきの若者は「仲間」とか横のつながりを重視していて、上下関係なんか縁が薄いのかもしれないが、私の若い頃、田舎の暴走族や学生時代の野球部は一つ年が違うだけで神と奴隷だった。

時代は変わったが、ビジネスの世界では、今でも上下関係は健在だし、重要だ。

経営者とは、経営の責任を負う立場である。だからこそ私は、経営の責任がのしかかるような権限を誰にも分け与えない。

トップダウンとは少し違うが、ワンマンであれ。

スタッフ全ての声を聞いて、時にはそれを無視してでも決断することが経営者の仕事だと思っている。「失敗の責任を取るのは自分以外の誰でもない」と腹さえくくっていれば、それは難しい事ではない。

経営とは（規模に関係なく）只一人の監督がいて、後は全員選手なのだ。選手がキャプテンやコーチになっても同じ、指揮権は監督だけにある。負け続けで監督が辛いとき、「選手やコーチも一緒に苦しんでいる」と思う事は、監督の理想に過ぎない。選手やコーチには別の立場がある。家族を守るために、違うチームへの移籍を考えるなり、監督への不信感をつのらせ、排斥もありえる。これは自然な事だ。何故なら選手だって、家に帰れば立場は監督であり、家族を守っていくために必要な判断をしなければいけない立場なのだから。

もうひとつ、会社を追われた彼らに感じてしまうことは、「慢心や安易な信用があったのではないか」という疑問だ。彼らも、その日が来るまで、まさか自分の事業は絶対に失敗しないし、仲間（スタッフ）はいつまでもついてきてくれると信じてやまなかったはずだ。

私はそういう意味での慢心や信用はしていないつもりだ。経営者として成功する場合も、ほとんどは偶然の産物だ。乱暴な言い方だが、人はすべて、偶然に生まれて来て、今も偶然生きていれるだけなのだ。病気を経験してから、その思いはいっそう強くなった。
どんな大成功を収めた経営者も、経営の神様を背中にしょっているとか、神の子だとか、そんなことは決してない。経営者は、他人も、そして自分も信用してはいけないのだ。

こう書くとネガティブに聞こえるかも知れぬが経営の成功は努力だけでは無いし、実力だけでもないと私は思っている。
色々な野次や声援が聞こえる中で、「成功をする判断」ではなく、「失敗をしない判断」を一人で決める事こそ、経営者の只一つの仕事だと信じている。

だから、私一人の権限で経営できないような会社にもしたくない。「年商何百億」の目標は素晴らしいが、私はそんな目標など立てた事がない。（それはそれで問題だな）負け惜しみかもしれないが、そんな規模になったら、私が一人で決める権利を失ってしまうと思うからだ。

余計なお世話だが、自分が素晴らしい経営者だと本気で信じている輩が一番危なく見えてしまう。今日もうまく行ったから明日もうまく行くと空ばかり見上げている若者を見ると心配になる事がある。（余計なお世話だな）

思い通りにならない時、上手く行かない時に、自分自身を過信せず、今、自分に出来る精一杯で目の前を見てみる事だ。

そう考えると、年商が上に行こうが、ずっと同じであろうが己の廻りのスタッフの数をかぞえてみて、利益を出せているなら、それは素晴らしい経営者だし、今日までは間違っていないのだろう。

世の中、売上もスタッフも、天気も何もかも、毎日変化があり、同じことは二度と起きない。結局のところ、世の中に確かなことなど何もないのだ。だからこそ何も信じるべきではない、これが、私の信じないのススメである。

ゴルフとビジネスと人生は同じ

私は現在、リハビリもかねて（特別な事が無い限り）午前中は仕事を入れていない。ゴルフの練習をしたり、天気が悪ければ読みためている本を少しずつ読んだりしている。随分優雅に聞きこえるだろうが、起きてから数時間は、心も身体も動き始めないからやむを得ないのだ。風呂に入って体のすみずみを動かし、本を読んだり、音楽を聴く事で、ゆっくり脳を動かし始めるのが日課になっている。

術後「絶対に煙草を吸わない事」「酒は止める事」「サウナは極力ひかえる事」など、細かい生活の規約の様なものがM医師から家族の前で私につげられた。

5年たった今、たった月に一、二度の通院以外はすべての項目をちゃんとやぶっている（笑）たばこは5年止めていたが、今は一日30〜40本の立派な喫煙者として国に貢献しているし、酒は手術前よりも増えたのではないかと思う程、ほぼ毎日飲んでいる。さすがにサウナだけは週に一度程度になったが。

5年以上続くリハビリ生活で私が気付いたのは、医学的にダメな事でも、自分の体や心が求めている事が、時には回復効果をもたらすという事だ。

自分の欲望に負けているだけかも知れぬが、我慢するストレスを無くす事で、私の場合、数年間苦しんだことが徐々に解消されている。後遺症として悩みの種だった記憶障害も、嫌な事を忘れている様なので、それはそれで無理に治す事もないだろう、とさえ思っている。

この先の人生をどうするのか?と問われると「全く想像もつかない」というのが率直な答えだが、おそらく、手術前と同様、今、目の前の道を己の嗅覚を使い、分かれ道に出会う度、どちらかを選択して生きていくのだろう。

その選択が良かったのか悪かったのかは、誰にもわからずじまいなのだろうが、ゆっくりでもいいから、立ち止まらず進んでいく事だけは自分に言い聞かせている。

先に話したが最近、週に一、二度の午前中（といっても朝5時頃）から、散歩もかねて自宅から30分のゴルフ場に通っている。

そこで思うのだが、ゴルフ程ビジネスに似ているスポーツもないのではないか。

上手な人の話を聞くと、マネージメントが必要だとかルーティーンを大切にするのだとか言われる。話を聞いているとまるでビジネスのようだが、私が指摘したいのはそこではない。私のようなアマチュアにとって、今の一打この一打が何処にいくのかもわからないのだから、マネージメントもルーティーンもあったもんじゃない（笑）ゴルフで2打3打先のことを考えるのは時間の無駄だ。

むしろ、今から打つ只この一打をどうするかがすべてであり、今の一打に最善を尽くすのが正しいように思う。そして答えもわからないまま、とにかくその一打を打ち放つ。ボールが行ってしまった方向に歩きながら、又、この次の一打の事だけを考える。

ここがビジネスに似ていると思うのだ。

ビジネスも先のことはわからない。まさに一寸先は闇である。他店に客が入っているからと言って己の店にも客が来ると思うのは虫がよすぎる。予想外のことはしょっちゅう起きる。

ボールが落ちてる場所がフェアウェイなのかラフなのかそれによっては持つクラブが変わる。目の前や近くに石や木はあるか?·自分が打てる距離にバンカーや池はあるか?·風はどうか?·自分の腕を含め、不確定要素は無数にある。

それでも自分の責任で打たなければ前には進まないし、ゲームも終わらす事が出来ない。何をやっても上手く行く日がある。それでも落とし穴は突然現れるし、ずっとダメだった日、最終ホールの一打が全てを変える日もある。これだけは誰にもわからない次の一打なのだ。

全て商売と同じである。

ティーグラウンドや、フェアウェイでよくキャディに「どこに打てばいいの？」と聞く人がいる。

キャディもまた、真剣に「あの一本松の上をねらって下さい」なんて答えている。

グリーン上でも「このラインはスライスだよね？」と確認し、「玉何個分左に打つの？」と訊ねている人もよく見かける。

ごくありふれた会話だし、アドバイスすることもキャディの仕事なのだから何の不思議もないのだが、私はつい思ってしまう。

何故「絶対に打ってはいけない場所」を聞かないのか…。

キャディのアドバイスは正しい。ただし、アドバイスの中にゴルファーの「能力」はたぶん計算されていない。

私たちアマチュアは、当たり前だが思い通りにボールをコントロールできない。聞いた場所にボールを転がしてもラインはずれるし、一本松をねらっても大きく左右に外れるのがほとんどである。さらに言えば、ゴルフは自然を相手にするものだから、キャディでも予測できない風とか、様々なアクシデントが起こるものだ。

そう考えてみると、「こうすればうまくいく」ことよりも、「こうすれば失敗の確率が低い」ことを聞くべきじゃないかと思うのだが。まあ成功を求めるのは人間の性なのだろうが、失敗をしない事、リスクをへらす事の方が成功の足がかりになるのだと私は考える。

プロだって年を取るにつれ、スイングがコンパクトに変わってくる様に思う。若い時の大きなスイングではボールがねらった地点に落とせなくなるからだろうが、それだけではない。ゴルフは打つ数が少ない者が勝つというゲームなのだから、ボールを遠くに飛ばすことよりも、確実な結果を優先したスタイルに変わっていくのだろう。

思えばゴルフは人生にも似ている。

過ぎたことは取り返しがつかない。いくら前の一打を悔やんでも打ち直すことは出来ないのだ。さらにご存じのように「ゴルフに審判はいない」

自分のボールが何処にあったにせよ、ボールを打ちやすい場所にずらすのも、一切さわらずに再び打つのもすべて自分が決める。全ては己の責任において18のホールを廻るのである。

キャディもアドバイスをくれるものの、代わりに打ってくれるわけではない。結局自分のゴルフは自分でやるしかない。

ゴルフには、一ホールづつ区切りの様なものがある。だが、すべては18ホール目の最後の一打をうち終わった後に決まるのだ。これもまた人生のようだ。

さらに言えば、私は時々、ゴルフの出来よりも、コースに咲く梅がつぼみをつけていたり、虫の声や空の雲がおかしな形をしている事に心が奪われる日がある。そんな日は何故だか結果などさほど気にならないものだ。これも人生に似ている。

この本を最後までお付き合い頂いた方へ。

小さい頃からいつも叱られてばかりで、何をやっても長続きせず、自分には何の才能もないことはわかっていた。

だが、最近、ＴＶドラマの中で「続ける事も才能ですよ。」というセリフを聞いて救われるような気持ちになった。

どんな人間にも必ずチャンスはある。私はそれを確信している事をお伝えしたい。

その中で必ず運はついて廻ってくる。チャンスをモノにできるかどうか、すべては運である。

ただし、運をつかむためには、行動を起こさなくてはならない。

良い時も悪い時も、動かなければ結果は出ない。次の一打を打たずに、その場所に立ち止まっていることはできないのだから。

もちろん次の一打を打つ前に、いくら考えたっていい。

考える時、忘れてはいけないこと、責任を負うのは自分であり、誰にも肩代わりできないこと、自分の実力をきちんと受け止め、実力以上の結果を期待しないことである。

ゴルフ場に出向き、ゆっくり深呼吸をし景色をながめながら自分の一打を打つ。

どんな一打でもいい。

次の一打は又、考えればいいのだから。

私がここに書いた駄文をほんの少しでも役に立てられる人がいれば
私はこの本を書いた意味があると思っている。


「産まれて生きて死ぬ」以外のルールは誰の人生にも決まっていないのだから…。

平成27年12月吉日

土田良治

補足（垣東）

今回、土田さんと僕が一番悩んだのは、この本のタイトルでした。大げさなことを言うようですが「本を作ろう」と提案した最初から、すべての原稿が仕上がった最後まで、悩み抜いたのです。

そして決めたのが、「ラーメンを６０億売った男」というタイトルです。

これには様々な思いが込められています。

まず、「ラーメンを６０億売った男」というのは、土田さんの実績を端的に説明しています。

１杯６００円あまりのラーメンを６０億売ろうと思えば、「ちりも積もれば〜」ではありませんが、それこそ気の遠くなるような「地道な商売の積み重ね」が必要です。

正確に言えば、平成27年末で62億、このまま順当に行けば5年後には100億になる計算です。

土田さんは、それこそ裸一貫同然から、地道に1杯のラーメンを売り続け、その成果として「60億売った」のです。

世の中には「行列のできるラーメン店」がたくさんあります。中にはたった1軒で年間1億円以上売り上げる店も、けっこうあったりします。でも、それを10年以上続けている店となると、数はめっきり減ります。

土田さんは、借り入れもせず投資家の支援も受けず、着実に右肩上がりの売り上げを重ね、18年かけて60億売りました。浮き沈みが激しいラーメン業界にあって、これは特筆に値すると思いました。そこで、このタイトルを選んだのです。

もう一つ、このタイトルに込めたのは、「通算」という考え方です。例えばプロ野球の世界で、最も重視されるのは「通算成績」です。ソフトバンクの王会長やイチロー選手が「偉大な選手」と呼ばれるのは、すばらしい成績を継続してきた「積み重ね」が評価されているからです。逆に言えば、すばらしい成績を継続することは、本当に難しいからです。

ラーメン、いや飲食業界も厳しい世界です。繁盛店を継続するのは、本当に難しい。僕自身、一時は何百人という行列を作った店が、5年持たずに潰れてしまったケースをいくつも知っています。だからこそ、土田さんの「通算成績」を本のタイトルに選んだのです。

土田さんは「露骨に数字を出すのはいかがなものか」と悩んでいたようですが、僕が「ストレートに伝えることに意味がある」と説得し、納得してもらいました。

願わくば、多くの人が手を取ってくださるように。

垣東充生

ラーメンを60億円売った男

発行日　2016年1月21日　初版発行

著　者　土田良治（つちだ　りょうじ）
編　者　垣東充生（かきとう　みつお）
発行者　早嶋　茂
制作者　永瀬正人
発行所　株式会社旭屋出版
東京都港区赤坂1-7-19キャピタル赤坂ビル8階　〒107－0052
電　話　03－3560－9065（販売）
03－3560－9066（編集）
FAX　03－3560－9071（販売）

旭屋出版ホームページ　http://www.asahiya-jp.com
郵便振替　00150-1-19572

デザイン　小森秀樹(株式会社スタジオゲット)

印刷・製本　株式会社シナノ

ISBN978-4-7511-1181-9　C2034